版权声明

YOUNG ARCHITECTS AT PLAY: STEM Activities for Young Children by Ann Gadzikowski and Foreword by Jorge Raedó.

Copyright © 2021 by Ann Gadzikowski.

Published by arrangement with Redleaf Press c/o Nordlyset Literary Agency, through Bardon-Chinese Media Agency.

Simplified Chinese translation copyright © 2023 by China Light Industry Press Ltd. / Beijing Multi-Million New Era Culture and Media Company, Ltd.

ALL RIGHTS RESERVED.

保留所有权利。非经中国轻工业出版社"万千教育"书面授权，任何人不得以任何方式（包括但不限于电子、机械、手工或其他尚未被发明或应用的技术手段）复印、拍照、扫描、录音、朗读、存储、发表本书中任何部分或本书全部内容，以及其他附带的所有资料（包括但不限于光盘、音频、视频等）。中国轻工业出版社"万千教育"未授权任何机构提供源自本书内容的电子文件阅览、收听或下载服务。如有此类非法行为，查实必究。

Young Architects at Play
STEM Activities for Young Children

小小建筑师
——幼儿建构游戏中的STEM学习

[美]安·科第科瓦斯基（Ann Gadzikowski）/ 著

陈　辉 / 译

中国轻工业出版社

图书在版编目（CIP）数据

小小建筑师：幼儿建构游戏中的STEM学习／（美）安·科第科瓦斯基（Ann Gadzikowski）著；陈辉译．—北京：中国轻工业出版社，2023.2
ISBN 978-7-5184-4073-3

Ⅰ．①小…　Ⅱ．①安…②陈…　Ⅲ．①科学知识－学前教育－教学参考资料　Ⅳ．①G613.3

中国版本图书馆CIP数据核字（2022）第156024号

总 策 划：石　铁
策划编辑：吴　红　　　责任编辑：吴　红　　　文字编辑：李芳芳
责任终审：张乃东　　　责任校对：刘志颖　　　责任监印：吴维斌

出版发行：中国轻工业出版社（北京东长安街6号，邮编：100740）
印　　刷：三河市双升印务有限公司
经　　销：各地新华书店
版　　次：2023年2月第1版第1次印刷
开　　本：710×1000　1/16　印张：10.25
字　　数：65千字
书　　号：ISBN 978-7-5184-4073-3　定价：46.00元
读者热线：010-65181109，65262933
发行电话：010-85119832　传真：010-85113293
网　　址：http://www.chlip.com.cn　http://www.wqedu.com
电子信箱：1012305542@qq.com
如发现图书残缺请拨打读者热线联系调换
220726Y1X101ZYW

本书好评

作者巧妙地将研究、实践见解和深刻的知识融合在一起，为教育者和照护者提供了如何在游戏中支持幼儿学习的丰富内容。跨越数字和物质世界，简化活动设计，鼓励观察，让我们感受到学习是多么有趣。这本手册是幼儿在学习中融合艺术和科学的证明！欢迎加入和你班上的孩子一起游戏的旅程！

——塔朗·瓦马（Tarun Varma）
乐高基金会经验实施专家

无论是在理论上还是在实践上，本书都可以很好地帮助幼儿教师在组织游戏或集体活动时轻松地拥抱建筑学、建筑物和建筑结构。

——苏珊·迪·拉瓦尔（Suzanne de Laval）
国际建筑师协会建筑与儿童作品项目主任

当我们认为幼儿是游戏的设计者和建筑师时，这本书为我们支持幼儿的建构游戏和深入探讨建构游戏如何支持幼儿的学习提供了蓝图。

——伊丽莎白·特特尔（Elizabeth Tertell）
美国埃里克森研究院高级研究员

《小小建筑师》这本书别出心裁，既通俗易懂，又有趣，充满了引人入胜且富有创造性的观点和问题，为教育者提供了深化幼儿的学习和游戏的、有价值的宝贵资源。

——凯利·布隆丁（Kelly Blondin）
艺术幼儿园的艺术专家

这是一本令人愉悦的、全面的、具有较强可读性的幼儿建构游戏指导手册。作者提醒我们尤其是幼儿，建筑是个性化的、直观的。书中充满了富有创造性的、多感官的活动，可以为家长和教育工作者带来启发。

——丽贝卡·博兰（Rebecca Boland）
芝加哥建筑中心学校和家庭项目经理

在《小小建筑师》一书中，作者安·科第科瓦斯基探索了建构游戏的内在复杂性和跨学科性——孩子们一起合作解决各种各样的挑战性问题（从结构工程和设计到艺术和语言表达）。这本书充满了具有深度和广度的项目案例，鼓励教育者生成自己的课堂实例，突破幼儿教育的现状。

——艾莉森·马赫（Alison Maher）
博尔德旅行学校执行董事

《小小建筑师》是一本对教师来说非常宝贵的实用图书，既强调游戏，又强调学习，倡导真正有趣的学习。这本鼓舞人心的书帮助幼儿在STEM体验中解决更多开放式的问题。

——劳里·萨恩（Laurie Sahn）
约瑟夫·西尔斯学校的学前班教师

本书好评

　　安·科第科瓦斯基的这本书终于要出版了！它介绍了丰富的STEM建构项目，展现了幼儿如何在建构游戏中学习，让人眼前一亮，非常值得一读！21个巧妙设计、插图精美的项目包含了对选择材料、开启项目、拓展项目和资源等的建议，这将帮助教师与家长挑战和激励能干的"小小建筑师"。

——罗萨娜·丽根·汉塞尔（Rosanne Regan Hansel）
《创造性积木游戏——通过建构游戏来学习的综合指导》
（*Creative Block Play: A Comprehensive Guide to Learning through Building*）的作者

译 者 序

建筑是一种语言,是儿童用来表达自己的一百种语言之一。在《小小建筑师——幼儿建构游戏中的STEM学习》这本书中,作者通过"阅读"儿童搭建的建筑来解读儿童的游戏和理解儿童,从而运用一系列建构游戏活动来为儿童提供发展适宜性教育。作者尝试着在幼儿的建筑经验与探索、建构游戏和STEM学习之间架起一座桥梁,从建筑类材料开始,通过21个建构游戏活动,涵盖了科学、技术、工程和数学四项STEM的内容领域,贯穿了STEM中的高阶思维和批判性思维,让幼儿在游戏中发展认知能力、表达能力、创造力以及添加故事和意义的复杂层次方面的能力。具体来讲,本书有以下几个特点。

(一)章节内容的安排呈递进顺序

本书分为两部分。在第一部分中,每章重点介绍一种具体类型的材料或工具:积木、自然材料和开放性材料、现成物品和回收材料以及木材。在第二部分中,每章则侧重探讨如何使用绘本、地图和合作项目等资源促进幼儿在建筑方面的探索。书中的章节呈递进顺序,即从最熟悉的材料和观点开始,逐步到最新颖的材料和最具挑战性的观点。而且,每章中的观点和项目都是以连续的方式展开的,从开放的活动开始,逐步到更结构化的项目。总的来说,本书的结构安排反映了幼儿对建构材料的典型反应方式,他们从开放式探索开始,逐渐形成关于如何使用材料的想法和意图。

(二)以发展适宜性教育为目标

发展适宜性教育,是适合幼儿身心发展水平、能在其最近发展区范围

内促进其发展的教育。这是作者致力于追求的目标。从开篇对阿曼达老师与幼儿露西互动情景的描述到后面每一个项目活动的设计,作者都在强调发展适宜性教育实践的几个要素:游戏中好奇的儿童、善于观察和给予儿童支持的教师、使用开放性材料的建构项目,以及赋予儿童游戏意义的故事叙述。

幼儿往往会对建筑有直观的感觉,有关建筑的真实和想象的实例激发了他们的建构游戏,他们喜欢这种表达方式和过程,也充满了探究的兴趣和参与的愿望;教师的作用是基于对幼儿的观察来选择合适的主题、材料、刺激、问题和延伸活动,引导、支持和促进幼儿各方面的发展;教师提供的开放式材料让每个幼儿都能以自己的节奏进行游戏和探究自己的兴趣;相关图画书的引入,不仅可以激发幼儿的建构创意和探索兴趣,启发幼儿从新的视角看待世界,还促进了幼儿读写能力的发展。这些都是作者进行发展适宜性教育的尝试。

(三)强调解构和建构同等重要

作者是一名建构主义的幼儿教育工作者,她认为建构游戏是一种真正的建构主义学习形式,重视幼儿在与环境和他人的直接经验中建构知识。不仅如此,她还看到了解构的重要性。在幼儿园里,解构是一种必然存在的现象。因为:一方面,幼儿在玩建构材料时通常不会用黏合剂将各种部件牢牢地粘在一起,其所搭建的许多东西是临时的或易坏的;另一方面,幼儿在摧毁某件物品时会获得一种力量感,他们喜欢这种通过撞倒一座由积木搭建的高楼或者碾翻一个用沙堆成的建筑而获得的感觉。但是,解构并不仅仅是一项简单的清理任务,它为培养社交技能、探索情感和发展逻辑与分析思维创造了机会。当一个幼儿可以帮助另一个幼儿重新搭建时,解构就成为发展幼儿的社会性的教育契机;当幼儿既能建造又能摧毁时,他就对自己的领域拥有了完全的自主权;当幼儿先学会建造然后拆开某个物体时，他便开始以逻辑和分析的方式思考。教师可以采取一些方式来尽可能地降低解构的负面影响，比如，给幼儿搭建的作品拍照或画草图以便留下他们工作的记录；制定幼儿容易理解的规则（只有搭建者才能拆掉自己的作品；未经搭建者允许，儿童不能破坏别人搭建的东西）等。

（四）活动设计适合学前儿童

在活动主题的选择上，本书始终秉承的主题是"家"的概念。项目1"为喜欢的玩具建造一个家"对幼儿来说就是学习一些建筑的核心概念的很好的入门体验，因为，他们在幼儿园里很少用"建筑"这个词，但经常用"家"这个词。幼儿能直观地理解家的功能和意义，他们知道：家是吃饭、睡觉、休息和上厕所的地方，重要的事情发生在那里；家是归属的地方，是和家人相聚在一起的地方；家也是我们从出生起就开始建立的关于信任的有形的物理表征。所以，房子是幼儿最常选择用建构材料来搭建的建筑物，他们用自己的双手来搭建家园，从而逐渐建构关于世界的知识，形成对他人的信任感。家是儿童生活中最熟悉的庇护所，因此，它是最适合学前儿童的项目活动主题。书中大部分的活动主题和家有关，包括不同类型的家（如玩具屋、公寓、帐篷、堡垒、木屋、洞、狗屋和海难屋等）以及与家相关的内容（如连接家的道路和桥梁、隧道和运河、描摹积木房子的脚印、制作地图等）。

在活动开展的方式上，本书介绍了许多适合幼儿学习建筑的方式。例如，看不同类型的建筑物的图片，参观社区的建筑物，"3D"[1]工作（用积木建造房屋）和"2D"[2]工作（用纸和铅笔画积木房屋的图片或蓝图）的相互转换，以及谈论我们为什么建造和如何建造。看建筑物图片和参观建筑

---

[1] 是"3 Dimensions"的简称，即三维的、立体的。——译者注
[2] 是"2 Dimensions"的简称，即二维的、平面的。——译者注

物可以帮助幼儿在积木和建构游戏中开拓新的思路；3D 和 2D 工作的转换可以激发幼儿的深度学习能力和创造力，从而开启令人兴奋的认知过程；谈论和思考建筑特色（如门和窗户）也可以增加幼儿建构项目的复杂性和趣味性。

  综上所述，作者基于对儿童游戏的长期观察和尝试各种材料的教育实验，为学前儿童设计了一系列建构游戏活动，让幼儿在游戏探索中为 STEM 学科领域的学习奠定基础。这本书简明且实用，全书的结构安排反映了幼儿对建构材料的典型反应方式，具有很强的操作性，确如作者所说：值得幼儿教师、家长及儿童信赖！

陈辉

2022 年 10 月

致　　谢

北美瑞吉欧·艾米利亚联盟（Reggio Emilia Alliance）的冬季会议于2019年3月在威斯康星州麦迪逊市举行。作为会议志愿者和当地"学习的奇迹"展览（Wonder of Learning exhibit）的组织者，我的主要工作就是将特邀演讲嘉宾从一个地方带到另一个地方。这些贵宾有意大利作家和教育家玛丽娜·卡斯塔涅蒂（Marina Castagnetti），她与洛里斯·马拉古奇（Loris Malaguzzi）一起创建了著名的瑞吉欧·艾米利亚幼儿园（Reggio Emilia preschools）和婴幼儿中心；有农西亚·弗兰泽斯（Nunzia Franzese），他是瑞吉欧·艾米利亚的一位教育学家新秀；还有他们的资深翻译简·麦考尔（Jane McCall）。

他们在麦迪逊时的一个空闲的下午，我问他们想去哪里。他们说想看看出生于威斯康星州的建筑师弗兰克·劳埃德·赖特（Frank Lloyd Wright）的作品。因此，我们参观了标志性赖特建筑——唯一神教派教会礼拜堂（the First Unitarian Society Meeting House），它有着引人注目的几何形窗户和拱形屋顶。我们在那里度过了一个愉快的下午。

当我们参观这些美丽的建筑并谈论我们的儿童工作时，我对设计建筑和教育孩子之间的许多相似之处印象深刻。这两项重要的工作都涉及对艺术和科学的理解。这一经历加深了我对探索建筑与幼儿教育的同步性的兴趣。很感谢玛丽娜、农西亚和简与我共度了那个反思的下午。

我也要感谢麦迪逊艺术幼儿园（Preschool of the Arts in Madison）的孩子及其家庭成员、教师和工作人员，他们加深了我对瑞吉欧教育实践的认识和体验。特别是，这本书对使用刺激（provocations）来激发儿童的好奇心的强调在很大程度上受我在麦迪逊艺术幼儿园的经历的影响。

我还要感谢伊利诺伊州埃文斯顿幼儿学校（School for Little Children in Evanston）的孩子及其家庭成员、教师和工作人员。本书中的许多活动都是我在那里给3—4岁的幼儿上科学、技术、工程和数学（STEM[1]）兴趣课程（Enrichment classes）时研发和试验的。

从孩提时代到后来当了教师，我一直很喜欢积木游戏。我在西北大学的天才青少年发展中心（Center for Talent Development，CTD）的工作激发了我对建筑领域及其与幼儿教育课程的相关性的更深层次的兴趣。非常感谢我在CTD的同事苏珊·科维思（Susan Corwith）、贝丝·德克斯（Beth Dirkes）和莱斯莉·莫里森（Leslie Morrison），谢谢她们在研发与试行幼儿建筑课程（如"积木""蓝图"和"乐高大都会"）中的支持、鼓励和合作。

非常感谢一直鼎力支持我的工作和著作出版的红叶出版社（Redleaf Press）的优秀员工们。我很荣幸能称自己为"红叶作家（Redleaf author）"。感谢梅雷迪斯·伯克斯（Meredith Burks）、海蒂·霍格（Heidi Hogg）和梅丽莎·约克（Melissa York）为这本书所做的贡献。特别感激有机会与非常优秀的安吉拉·维克曼（Angela Wiechmann）在编辑图书的过程中合作。

一如既往地感谢朋友和家人的爱和鼓励。谢谢你们帮我把一袋袋、一盒盒的积木从一个地方搬到另一个地方，谢谢你们倾听我的梦想。

---

[1] 是科学（Science）、技术（Technology）、工程（Engineering）、数学（Math）四门学科英文首字母的缩写。——译者注

前　言

安（Ann）的《小小建筑师——幼儿建构游戏中的 STEM 学习》这本书简明且实用。她的著作反映了她作为幼儿教师的经历，包括对儿童游戏的长期观察、教育实验以及对儿童现实的研究。

安受建筑和设计的启发，试验了各种工艺和材料：几何体、树枝、积木，以及所有能让儿童搭建结构、营造环境和简要地塔建出城市的街道、房屋及公园的东西。这些模型和场景设计可以使儿童创编象征性故事，表达自己的渴望、意愿和恐惧……这些都是用于编织儿童自出生起的社会网络的象征性游戏。

当我说有一些涉及童年、建筑[1]和教育的项目时，我指的是各种各样的专业人士为实现不同的目标以不同的方法工作。

综合了童年、建筑和教育的项目地图（The map of the projects）可能如下表述。

（1）把建筑当作一种艺术语言来学习。儿童学习建筑就像他们学习音乐、绘画和戏剧一样。课程和工作坊向儿童介绍学科的基础知识：结构、规模、比例、材料、光影、颜色、项目、历史和城市背景以及可持续性等。

（2）参与式设计过程，让儿童成为改变自己的世界的主角。如何做呢？在项目活动中，儿童在教师、设计师、家长和团队的帮助下研究问题，并通过设计和建造来解决问题。例如，校园的改造项目。

（3）城市改造过程：改善儿童居住的城市空间项目。例如，改善公园、游乐场和物质条件与社会条件较差的社区，改造一些特别的建筑（如学校

---

[1] 这里的"建筑（architecture）"包括设计、城市规划和景观。

或图书馆），以改善城市的风貌。

（4）有关建筑与设计的教育性和游戏性材料。弗里德里希·福禄贝尔（Friederich Froebel）、玛丽亚·蒙台梭利（Maria Montessori）和瑞吉欧·艾米利亚教育中心所开发的材料较为著名。还有几十种设计得比较有趣的好玩具，如20世纪前卫艺术家〔如拉迪斯拉夫·萨特纳（Ladislav Sutnar）、乔金·托雷斯·加西亚（Joaquín Torres-García）、阿尔玛·西德夫·布舍尔（Alma Siedhoff-Buscher）〕创作的玩具，如乐高（LEGO）或卡普拉（Kapla）积木。

（5）教育基础设施。这些建筑及其室内外空间，是儿童学习的另一种工具。每个儿童照护机构或幼儿园都必须根据明确的教学项目进行设计。世界上有很多优秀的案例，例如，倡导"瑞吉欧教学法"的儿童学校和芬兰的新学校从一开始就由中心的建筑师和教育团队设计。

（6）持续的教师培训。其中包括关于空间的教育潜力、如何利用特定的空间成功实现教学目标、将建筑作为艺术语言和儿童的表达方式、参与式设计过程等方面的课程、工作坊和出版物。教师是教育的关键力量，正如农民是农业的关键力量。

安在她的书里提到地图中包含的各种经验。她谈到了各种类型的木制教育材料，并为我们提供了使用这些材料的技巧。她还阐述了如何利用空间来激发和安排儿童的行动，需要持续几天的参与式设计过程，将对世界的建构和破坏作为一种表达方式（即构建儿童的个人世界和他们所属的社会群体的方式）。正如玛丽亚·蒙台梭利几十年前所提出的，一所好的幼儿园有助于改善它所属的社区。总的来说，安的这本书可以作为教师继续教育的培训材料。

儿童探索周围的环境：椅子、垫子、彩色铅笔、空白纸、从窗户透入的光影、石头、树枝、花朵、户外的空气、沙子、水、气温等。他观察、触摸、闻、用手指确定形状、分组、连线、绘制地图（一种激活想象力的地形图）。

故事、人物、关系、交流,以及产生欲望的冲突,引发了问题解决、形式的变化以及地图和想象故事的演变。其他儿童加入了游戏,大大增加了意义的层次。

儿童长大后,成为一名幼儿教师,玩游戏、研究、学习以及邀请儿童和他一起玩耍和探索世界。他也邀请其他成人一起交流知识,尝试这个和那个活动,看看什么最有效,什么使人开心。空间随着我们而变化,我们也随着空间而变化。

乔治·雷多(Jorge Raedó)
奥萨梅纳儿童和青年艺术教育总监
(Osa Menor Arts Education for Children and Youth)
2020年2月20日

目 录

导　言　为什么是建筑？ ·· 1
　　一、什么是建筑？ ·· 3
　　二、建筑和儿童 ·· 4
　　三、建构主义和建筑 ·· 5
　　四、建构游戏的益处 ·· 6
　　五、身体的、有形的和感官的建构游戏 ································· 7
　　六、家的主题 ··· 9
　　七、解构的重要性 ·· 10
　　八、本书中的建筑 ·· 12
　　九、刺激 ··· 13
　　十、结语 ··· 14

第一部分　材料 / 15

第一章　积木和建构玩具 ··· 17
　　一、单元积木 ··· 18
　　二、砖块在建筑中的作用 ·· 20
　　三、其他类型的积木 ·· 21
　　四、乐高积木 ··· 23
　　五、积木和解构 ·· 24
　　六、积木区 ·· 25
　　　项目1　为喜欢的玩具建造一个家 ···································· 26
　　　项目2　道路和桥梁 ··· 28

| | 项目3 | 高楼和公寓楼 ································· 30 |

第二章	自然材料和开放性材料 ································· 35
	一、自然材料的永恒魅力 ································· 35
	二、开放性材料和自然材料的感官体验 ········· 37
	三、使用自然材料的假装游戏 ···················· 38
	四、建筑游戏和自然材料 ······························ 39
	五、教室里的开放性材料 ······························ 39
	六、沙——最松散的开放性材料 ···················· 41
	七、用自然材料创设刺激 ······························ 42
	项目4 装饰沙堡 ·· 43
	项目5 隧道和运河 ·· 45
	项目6 精灵屋 ·· 48

第三章	现成物品和可回收材料 ································· 53
	一、绿色建筑 ·· 54
	二、纸板刺激 ·· 55
	项目7 纸板玩偶之家 ·· 56
	项目8 织物帐篷和堡垒 ···································· 60
	项目9 用可回收塑料做的社区 ························ 63

第四章	木材 ··· 67
	一、21世纪的木工 ·· 68
	二、向儿童介绍木工 ·· 70
	三、安全第一 ·· 71
	项目10 小木屋 ·· 72
	项目11 "毛糙的"房子 ·································· 76
	项目12 以洞为家 ·· 78

第二部分　探索 / 83

第五章　建筑故事 85
　　一、小说工程 87
　　二、刺激 87
　　三、书的建筑学 88
　　项目13　弗吉尼娅·李·伯顿的小房子 89
　　项目14　鸟瞰视角 93
　　项目15　山羊桥 96

第六章　地图和蓝图 99
　　一、地图的魔力 100
　　二、2D蓝图，3D建筑 101
　　三、教室地图体验 102
　　四、教室里的地图和蓝图 104
　　五、教育时机 105
　　六、整合数字经验和真实经验 106
　　项目16　积木"脚印" 107
　　项目17　学校地图 110
　　项目18　狗屋 112

第七章　扩展项目 115
　　一、基本要素：时间和空间 116
　　二、发展适宜性的研究实践 117
　　项目19　海难屋 119
　　项目20　游乐场模型 123
　　项目21　乐高城市 126
　　三、该游戏了！ 129

推荐资源 …………………………………………………………… **131**
参考文献 …………………………………………………………… **135**

导 言
为什么是建筑？

　　幼儿教师阿曼达和她的同事凯莉带着班上的孩子们（3岁）来到操场上。这是一个温和的春日，空气中弥漫着草的味道。孩子们四散而去，有的开始用塑料铲在沙箱里挖土，有的则跳上三轮车开始沿着自行车道骑行。

　　阿曼达和凯莉站在操场上，因为这样她们可以看到且便于指导所有儿童。阿曼达注意到露西正蹲在自行车棚旁边。阿曼达想知道露西在做什么，于是走向自行车棚，用好奇的眼光注视着露西。

　　阿曼达观察到：露西先是跪着，然后坐在地上，用一根小树枝挖土。阿曼达感到很好奇："为什么这个孩子选择在这片泥土中玩耍？她如果想挖掘，为什么不在沙箱里挖？"阿曼达并没有打扰露西的游戏，而是决定观察露西，看看她的游戏怎样发展下去。

　　阿曼达注意到露西看起来并不沮丧或感到孤独。事实上，露西脸上的表情是快乐的和放松的。她似乎很专注。她还收集了一些棍子和附近其他的小物件：几片大树叶、光滑的石头、一把扁平的木屑片。露西小心翼翼地把这些小东西放在刚才那片泥土上。接下来，她拿了一把小树枝，把它们插入柔软的泥土里。然后，她将一层扁平的树叶放在小树枝的顶部。

　　阿曼达想知道露西在搭什么。但是，她又不想打扰露西。于是她走近了几步，以便更好地了解露西的工作。

　　当阿曼达走近时，露西拿了一块圆圆的小石头放在她搭建的东西前面。然后她抬头看向老师，微笑着指着石头。

"它住在这里。"她说。

"噢,你在建房子吗?"阿曼达问。

露西神采奕奕,有些兴奋。"是的!"她说,"这是一座房子,我正在建造它。"

在这个情景中,教师阿曼达观察了一个处于游戏中的儿童,并想了解其行为背后的意义。和许多反思型教师一样,阿曼达对孩子们在游戏中做出的选择很好奇。在这个案例中,她想知道为什么儿童会选择在泥土里挖掘,并用在地上发现的散落的自然物来搭建房子,尤其是当附近有沙箱和各种各样的挖掘玩具时。

在读完这个场景的内容后,你可能也会感到好奇。也许你对这个孩子的选择背后的原因有自己的看法。也许你回忆起了自己小时候在户外玩耍的经历。你还记得自己用从地上捡到的小树枝和其他自然材料搭建的快乐吗?

儿童似乎都喜欢搭建,无论是用自然材料、积木还是其他材料(见图1)。人类的天性和创造的内部动力助长了其建造的欲望。

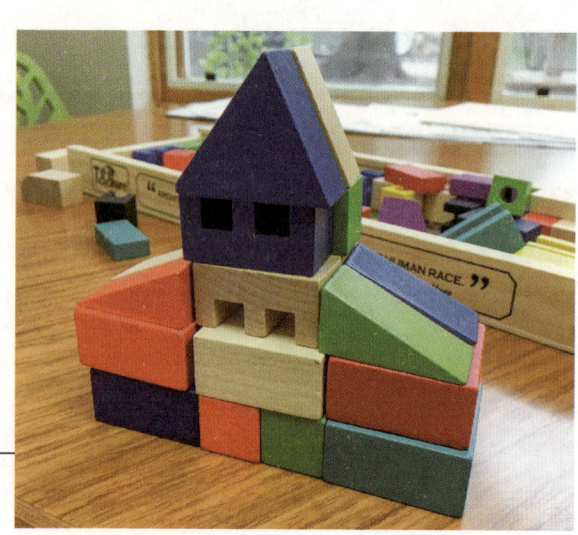

图1

用积木搭房子几乎是一种普遍的游戏体验。

儿童还经常围绕他们搭建的物体创编故事。在上面这个案例中，露西不仅在搭建一座建筑物，还在脑海中创编了一个假想的故事。她用一块石头来代表住在这座小建筑物里的人物。

这是教师和儿童之间的一个简单、平常的时刻——似乎仅仅是关于一堆树枝和树叶的简短交流。然而，它却包含了许多最佳幼儿教育实践的要素：善于观察和支持的教师、游戏中好奇的儿童、利用开放性材料的建构项目，以及赋予儿童游戏以意义的故事叙述。

一、什么是建筑？

作为一名幼儿教育者，我对儿童的建构游戏十分着迷。我非常欣赏它在发展儿童的认知能力、表达创造力以及增加故事的复杂性和意义方面的价值。

我在与儿童和教师的合作中发现，建筑是连接这些目标的桥梁。建筑是一种艺术、科学以及规划、设计与建造建筑物的过程。"建筑（architecture）"一词可以指这个过程，也可以指由此产生的建筑物。本书中的"建筑"主要是指创造的过程。

我们经常把建筑与著名的建筑师和复杂的建筑物、结构体联系在一起。但是"建筑"给我们提供了用以表达我们周围的建筑物和结构体的词汇。当你读到这一页文字时，你可能立刻就想到了住的地方。了解建筑有助于我们更好地关注建筑师所说的"建筑环境"：房屋、公寓楼、道路、桥梁以及其他建筑物。

阅读本书，你将会发现，建筑也为我们提供了真实的和想象的实例。这些实例引发了幼儿园里令人兴奋的建构项目。作为一名教师，我认为关于建筑的思考和学习极大地提高了我支持儿童的建构游戏和深化他们的学习体验的能力。

二、建筑和儿童

在泥土中插树枝并为石头搭建房子的这名儿童是一个建筑师。每个用树枝、石头、积木或乐高搭建房子的儿童都是建筑师。建筑这一创造性过程每天在世界各地的儿童游戏中发生着。

那么,为什么我们看不到幼儿教育中包含建筑这个主题呢?为什么幼儿教育中也鲜少涉及关于建筑的儿童学习方式和内容呢?

我们通常只能在大学里找到名称中有"建筑"的课程。在教育资源信息中心(Educational Resources Information Center)的150万条书目记录中,只有两份记录与幼儿建筑教育方面的内容有关,并且都是学龄儿童(学前班到五年级)参与的项目(Hollingsworth, 1993;Luera & Hong, 2003)。记录了建筑主题与5岁及以下儿童之间的任何联系的文献为零。

建筑似乎不是专门针对幼儿设计的。然而,幼儿通常已经对建筑有了直观的感觉。更简单地说,他们知道每座建筑物都有各自的用途。他们明白建造房屋是为了提供住所,学校的建造是为了让我们能够一起学习,商店的建造是为了方便人们购买食物和其他需要的东西,医院的建造是为了使受伤或生病的人受到照顾。儿童意识到我们社区里的各种建筑物都有明确的用途(即形式服从于功能)。

因此,有许多适合儿童在幼儿时期开始学习建筑的方式。例如,儿童可以看不同类型的建筑物的图片,参观社区里的建筑物,并谈论我们为什么和如何建造。反过来,这些与建筑相关的活动既可以帮助儿童通过积木和建构游戏形成新的认识,引发儿童谈论和思考建筑(如门和窗户)的特征,也可以增加儿童建构项目的复杂性和趣味性。

三、建构主义和建筑

建构主义是一种认知发展理论。该理论的主要观点是，儿童通过直接的身体经验、游戏以及与环境的互动来学习。理论家让·皮亚杰（Jean Piaget）和列夫·维果茨基（Lev Vygotsky）所阐述的这种早期学习方式强调了儿童关于周围世界的实际体验和感知经验的重要性。

毫无疑问，建构游戏是一种真正的建构主义学习形式。无论游戏材料是积木、玩具还是其他材料，建构游戏都是发展适宜性教育的核心（见图2）。

图2

建构游戏是发展适宜性教育的核心。

作为一名建构主义幼儿教育者，我认为建筑在幼儿的游戏与他们成年后需要具备的实际技能和知识之间建立了重要的联系。建筑活动涉及STEM的所有四个内容领域：科学（science，S）、技术（technology，T）、工程（engineering，E）和数学（math，M）。

建构游戏和受建筑启发的活动也有助于培养儿童重要的空间能力。

当儿童使用三维工具（积木、开放性材料和建构玩具）与二维工具（图画、文字作品和地图）来表达他们的想法时，尤其如此。

同时，建构游戏为儿童的创造性和艺术表达、语言和读写能力的发展提供了机会。被视为现代主义建筑先驱的德裔美国人路德维希·米斯·范德洛（Ludwig Mies van der Rohe）坚信"建筑是一种语言"（Domus，2016）。

这句话让人想起著名的意大利瑞吉欧·艾米利亚婴幼儿中心和幼儿园的创始人洛里斯·马拉古奇的话。马拉古奇探讨了"儿童的一百种语言"的概念。他写道："儿童有一百种语言，一百种思想，一百种思考、游戏和说话的方式；一百种倾听、惊奇和爱的方式；一百种歌唱与领悟的喜悦；一百种世界要去发现；一百种世界要去创造；一百种世界要去梦想。"（Malaguzzi，1993，p.3）

范德洛和马拉古奇相识的可能性很小，但他们的想法非常一致。建筑确实是一种语言，是儿童用来表达自己的一百种语言之一。这种语言即使在很小的范围内（如在幼儿园里的建构游戏和建筑探索中），也能被巧妙地表达出来。

四、建构游戏的益处

简言之，建构游戏有助于儿童学习能力的发展。本书中描述了开放性和创造性游戏经验如何促进大脑的健康发育，具体如下。

- 建构游戏是有意义的。当儿童根据自己的想象自由地搭建房屋和其他建筑物时，他们会将先验知识（prior knowledge）与新的发明和经验联系起来。建立有意义的联系会刺激大脑中与逻辑思维、元认知和创造力相关的神经网络。
- 建构游戏是儿童主动参与的游戏。与建构游戏相关的体力活动（如抬举、堆叠和平衡）会激活大脑中涉及决策、执行功能和自我调节的区域。

- 建构游戏是不断反复的过程。这个反复过程包括重复、实验和探索。在建构游戏中，高楼倒塌，屋顶坍塌，城墙塌陷。大多数儿童渴望一次又一次地尝试，直到他们成功。儿童在建构游戏中表现出的毅力会涉及与灵活的思维和创造力相关的神经网络。
- 建构游戏具有社会互动性。在大多数幼儿园的教室里，建构游戏都是以儿童成对和小组的形式进行的。协作和交流可以促进大脑的可塑性，这有助于培养儿童的同理心和社交技能。
- 建构游戏是快乐的。积木建构区通常是教室里声音最大的区域，这是有原因的。吵闹也是一种快乐。用积木或任何材料进行搭建的兴奋感使儿童发笑并高兴地相互呼喊。这为儿童一生的健康和幸福奠定了基础，因为快乐与增强记忆、注意力和动机的化学物质（如多巴胺）有关。

五、身体的、有形的和感官的建构游戏

实际操作的建构游戏的价值长期以来一直受到先驱和思想家们［比如皮亚杰和德国教育家弗里德里克·福禄贝尔（他在19世纪初创建了第一所幼儿园）］的认同，最近，实际操作的建构游戏的价值已经成为关心儿童的屏幕时间（儿童使用平板电脑、智能手机、笔记本电脑和其他电子设备的时间）的教育者和家长关注的焦点。

对许多儿童来说，在虚拟的世界中玩电子设备的时间已经代替了他们在现实的世界中玩有形的物品的时间。很多儿童尤其喜欢虚拟的建构游戏和应用程序（如 Toca Builders 和 Minecraft）。

常识媒体（Common Sense Media）是一个提供有关技术和媒体方面的研究与建议的非营利组织。据报道，8岁及以下的儿童将三分之一的屏幕

时间用在移动设备上；在2011—2017年间，儿童使用移动设备的时间增加了两倍（Common Sense Media，2017）。

虽然学习如何使用数字工具可能有很多好处，但是教育者还是表达了对处于不同教育阶段的儿童观看屏幕的时间方面的担忧。建构主义教育者和发展适宜性教育的倡导者认识到，使用真实、有形的工具进行实际操作的建构游戏可以为儿童带来从屏幕上无法获得的认知、身体和社会交往方面的益处。

黛比·斯特林（Debbie Sterling）是斯坦福大学培养的工程师，也是戈尔迪宝乐事（GoldiBlox，一家专注于STEM理念的媒体公司）的创始人。她认为，幼儿在建构游戏中动手操作的体验可以为其基本的空间推理能力的发展奠定基础（Sterling，2013）。

一项在大学里进行的类似的观察诠释了建构游戏是如何培养个体在现实世界里所需的各项技能的。建筑学教授兼《规划师和建筑师创造性地解决问题的游戏》（*Play in Creative Problem-Solving for Planner and Architects*）一书的作者罗恩·卡普里辛（Ron Kasprisin）主张：把使用有形工具（如硬纸板、泡沫和黏土）作为建筑学和城市规划专业学生设计的过程的一部分。他在书中写道："我在近几年（过去五年或更长时间里）带本科生和研究生做规划与设计的经历中发现，他们除了使用与计算机（数字技术）相关的方法或工具外，不使用其他任何方法或工具。这增强了我要把另一半（指创造性过程中感性的一半）带回来的决心。"（Kasprisin，2016，p.206）。在从幼儿园到大学的每一个学校教育阶段，教育者和研究者注意到平衡数字化学习（digital learning）和有形学习（tangible learning）的重要性。

六、家的主题

在幼儿园里,我们可能不用"建筑"这个词,但我们经常用"家"这个词。儿童能直观地理解家的用途和意义。他们知道家是吃饭、睡觉、休息、上厕所的地方。重要的事情发生在那里。家是归属的地方,是家人和朋友在一起的地方。有的"家"大,有的"家"小。有的"家"可以容纳一个家庭,有的"家"(如高层公寓楼)可以容纳多个家庭。

家提供了住所,它是人类的基本需要。埃里克·埃里克森(Erik Erikson)的人类发展理论告诉我们,我们在这个世界上的首要任务就是学会信任。它是建立所有关系和有意义的经验的基础。有文字依据、遮蔽的屋顶和柔软的休息场所的"家",是我们从出生就开始建立的关于信任的有形物理表征。家让我们有地方住并且保护了我们的安全,就像儿童信赖的照护者(他们的父母、家庭成员和老师)紧紧地抱着他们、保护他们一样。

因此,房子是儿童最常选择用建构材料来搭建的建筑物,这是有道理的(见图3)。就像儿童建构关于世界的知识和形成对他人的信任感一样,他们用自己的双手来搭建家园。

图3

搭房子是建构游戏中常见的主题。

家是儿童生活中最熟悉的庇护所，这本书统一的主题是"家"的概念。家的概念包括各种相关项目和对其他类型的家（玩具屋、树屋、狗舍等）的探究。

然而，当我们关注建构活动中的家时，我们必须意识到这个主题可能会使一些儿童的情绪非常激动。儿童在学校的时候常常会想家，有些儿童会非常想念他们的家和家人。我们所有人都渴望得到家的安全与保护。

此外，在全纳教室里，有心的教师会意识到，一些儿童可能正在经历或已经经历无家可归或居无定所的情况，另一些儿童的生活条件可能发生过可怕的变化。对幼儿来说，即使是普通的搬家也可能是件令人恐惧和困惑的事情。在建构游戏中探索家的概念是我们可以为儿童提供一些力量和创造性自主的一种方式。

教师可以在儿童对家和房子的兴趣的基础上来支持和促进建构游戏。刺激和开放式问题可以激发儿童关于家的设计和建筑风格的新想法。你也可以通过分享建筑网站、杂志和图画书上有趣的家的图片来开拓儿童的思维。（请务必查看本书第131—134页的推荐资源。）

七、解构的重要性

儿童在玩建构材料时，通常不会使用黏合剂将各种部件牢牢地粘在一起。搭建的许多东西都是临时的或易坏的。

因此，我们既要讨论"建构"，也要讨论"解构（deconstruction）"。虽然解构可能很容易被视为一项简单的清理任务，但实际上解构为培养幼儿的社交技能、促进幼儿探索情感以及发展逻辑与分析思维创造了机会（见图4）。

解构对情感发展的意义层面让人想起经典的英国童谣《玫瑰花环》（*Ring a Ring o'Rosie*）。美国版本的《玫瑰花环》（*Ring around the Rosie*）一般是这样唱的：

图4

解构(包括整理积木)是学习过程的重要组成部分。

玫瑰做的花环,(Ring around the rosie,)
装满鲜花的口袋,(Pocket full of posies,)
阿嚏,阿嚏!(Ashes, ashes!)
我们都倒下了!(We all fall down!)

儿童喜欢说和表演最后那句台词:"我们都倒下了!"当滚到地上时,他们感到很滑稽又很放松——孩子们似乎觉得很满足。

大多数儿童喜欢这样的动作和放松方式,如撞倒一座积木搭建的高楼或者铲倒一个用沙堆的建筑。不可否认,儿童在摧毁某件物品时获得一种力量感。当儿童既能建造又能摧毁时,他对自己的领域就拥有了完全的自主权。

然而,解构有时会使教师心碎,尤其当一个或一群儿童使劲地破坏一件漂亮而精致的作品时。在搭建的作品被解构之前,教师(或儿童)可以先拍照或画草图。这样,孩子们至少会留下他们工作的记录。

我在班里制定了一条重要的规则:只有搭建者才能毁掉自己的作品。未经搭建者允许,儿童不能破坏别人搭建的东西。儿童比较容易理解这条规则的逻辑。

更确切地说，他们"理解"这一规则但并不总会"遵守"它。有时候某个儿童由于愤怒或无法控制的冲动打翻了别人搭的建筑；当然，也会发生意外，有时候某人不小心撞上了别人搭的建筑。儿童搭建的作品不论是被他人无意损坏还是被他人故意损坏，都必须进行适当的补救。一个儿童可以帮助另一个儿童重新搭建。解构这时就成为社会性发展的教育契机。

除此之外，解构也为儿童提供了许多学习逻辑和计算方面的机会。福禄贝尔课程和哲学的核心是"整体由部分组成"的概念。福禄贝尔的幼儿园指南指出，"本能激发了了解内在的欲望"（Krause-Boelte & Krause，1881，p.28）。当儿童先学会建造再学会拆解某个物体时，他们就开始以逻辑和分析的方式思考。

八、本书中的建筑

整本书强调的是 STEM 中的高阶思维和批判性思维。各章以及整本书的结构，为学习建筑和 STEM 相关主题提供了一种路径。

本书分为两个部分。在第一部分中，每章中会重点介绍一种具体类型的材料或工具：积木、自然材料和开放性材料、现成物品和回收材料以及木材。在第二部分中，我们探讨了如何使用绘本、地图和合作项目等资源促进建筑方面的探索。

这些章节的递进顺序是从最熟悉的材料和观点逐步到最新颖的材料和最具挑战性的观点。每章中的观点和项目都以连续的方式展开，从最开放的活动开始，逐步到更结构化的项目。

总的来说，本书的结构安排反映了幼儿对建构材料的典型反应方式。他们从开放式探索开始，逐渐形成关于如何使用材料的想法和意图。

九、刺激

对于本书中的每个项目,你都可以找到有关如何创造刺激的详细内容。"刺激"是受瑞吉欧·艾米利亚启发的教育工作者经常使用的一个词,用来描述教师有意安排的、用以"激发"或启发学习的材料或其展示。刺激通常是儿童以前可能从未遇到过的东西,如新奇的物品或新的材料组合。教师一般在儿童上学前安排好刺激。这样一来,当儿童进入教室时,刺激就会被看到,并且可能在一开始就引起他们的对话和兴奋。

例如,积木活动的刺激可以是三块积木的简单的排列顺序(平铺,首尾相连,排成一排)(见图5)。这可能会引导儿童根据这个顺序继续排列,从而搭建出一条小路或公路。另一种刺激可以是引发建构游戏的建筑物图片。各种新颖的建构玩具或材料(如多米诺骨牌或手工棒)可能会激发儿童产生关于创意建筑的新想法。

图5

这种简单的刺激(磁力片和一串节日灯)引起了儿童对磁力片透明度的注意。

 小小建筑师——幼儿建构游戏中的STEM学习

刺激物可以放在教室的中心位置,如桌子或地毯上。这样,儿童一进教室就会被这些材料吸引。

然而,刺激物并不总是必须放在显眼的位置。教师可以在教室的偏僻角落放小的刺激物。对于发现它的儿童来说,这可能是一个小小的惊喜。

刺激不仅能让儿童较快地适应某项特定的活动,还能让他们轻松地度过一天。一系列有趣的材料可能会减轻那些与家长分离的儿童的焦虑。刺激给了儿童一些期待,并为儿童提供了与朋友一起游戏的机会。在一天或一节课开始时一起游戏也有助于促进儿童的社会性发展。低结构材料的开放性让每个儿童都能以自己的节奏进行游戏和探究自己的兴趣。每个人都可以参加。

十、结语

我是一名受瑞吉欧·艾米利亚影响的传统的建构主义幼儿教育工作者。我有幸与西北大学优秀的STEM教育工作者们一起工作,在那里我学会了如何通过发展适宜性教育向幼儿传授STEM理念。本书中还介绍了受瑞吉欧·艾米利亚启发的威斯康星州麦迪逊艺术幼儿园的教育实践。

我希望这本书能够在幼儿园的建构游戏和每个人日常真实的建筑经验之间架起一座桥梁。我在撰写这本书的过程中经常想起一句美好的英国习语——"像房子一样安全"。这句话的意思是"非常可靠和值得信赖"。

期望这本书为您及您所教的儿童所信赖。

第一部分　材　料

第一章
积木和建构玩具

正如导言中提到的,建构游戏是建构主义学习的一种表现。皮亚杰和维果茨基告诉我们,儿童通过与环境和他人互动的直接经验来建构知识。建构主义与各种积极主动的游戏有关,但它与积木游戏的关系最为密切。当儿童用积木进行搭建时,他们实际上建构了关于形状、大小、重量、比例、平衡、对称、重力等方面的知识。

在学习方面,积木游戏有助于儿童发展埃里克森研究院幼儿数学合作项目(the Erikson Institute Early Math Collaborative)所界定的多种幼儿数学的"核心概念(big ideas)":形状、空间关系、模式和测量(Brownell et al., 2014)。积木游戏还表现出了乐高基金会出版的《游戏中的神经科学和学习——文献回顾》(*Neuroscience and Learning through Play: A Review of the Evidence*)一书中所描述的与大脑的健康发育相关的所有五个特征(Liu et al., 2017)。

除此之外,用积木进行搭建也是一种创造性的表达,是对建筑设计理念的展示和实践。弗兰克·劳埃德·赖特特别提到了他童年玩积木的经验与杰出的建筑师生涯之间的关系:"光滑的纸板三角形和枫木积木是最重要的。直到今天我都还在用……我很快就对所看到的每一件东西不断变化的建构模式变得敏感。我学会了以这种方式'看',而且,当我这样做时,我不想把随意的、偶然的东西带给大自然。我想设计。"(Turner, 2011)

让我们仔细看看积木游戏为什么是幼儿教育不可或缺的一部分。

一、单元积木

一个活的有机体由一个个细胞构成，幼儿搭建的复杂的积木建筑也由单块积木组成。幼儿园建构主义游戏的基本构成单元是基础块，也被称为单元积木（unit block）。在玩具和学校用品中，单元积木的形状和大小是标准化的（见图1-1）。

图1-1

标准的单元积木长14厘米，宽7厘米，厚3.5厘米。

用规格统一的积木进行搭建对儿童有益的观点可以追溯到福禄贝尔，他设计了一系列被称为"恩物（Gifts）"[1]的带编号的教学玩具。按照编号顺序来看，每一件恩物都比前一件复杂。

例如，恩物1是一个简单的球（球体）；恩物2是三个不同形状的物体——一个球体、一个立方体和一个圆柱体；恩物3是一套有八个立方体的积木，这八个立方体可以组合成一个更大的立方体（见图1-2），可以让儿童认识到"整体是各部分的总和"；恩物4是一套有八个长方体的积木。许多流行的建构玩具（如乐高）上都有恩物4的影子。

---

[1] 德国幼儿教育家福禄贝尔为儿童设计的一套玩具。——译者注

图1-2

福禄贝尔的恩物3是一套有八个立方体的积木。

美国教育家卡罗琳·普拉特（Caroline Pratt）受福禄贝尔恩物的启发，于20世纪初设计了单元积木。普拉特既是一名幼儿教师，也是一名木作师。她在测试了各种积木比例和木材类型后，提出了她认为完美的建构游戏的设计想法：单元积木长14厘米，宽7厘米，厚3.5厘米，拥有4∶2∶1的比例，这样的积木更具数学美感（见图1-1）。

木制积木的益处比许多游戏材料多。因此，即使你的单元积木已经破旧不堪了，它仍然是你教室里最宝贵的财富之一。亚历山德拉·兰格（Alexandra Lange）在《童年的设计——物质世界如何塑造独立的儿童》（*The Design of Childhood: How the Material World Shapes Independent Kids*）一书中写道："单元积木似乎总是用得最快，这促使儿童将形状更特殊的积木（正方形积木、直角三角形积木）组装成他们需要的形状，这实际上就是一种关于几何基本原理的教学，和福禄贝尔恩物中'大立方体中的小立方体'原理一样。"（Lange，2018，p.31）

二、砖块在建筑中的作用

对儿童来说,用积木进行搭建不仅仅是一种异想天开或抽象的活动。相反,它与现实世界中的建筑有着直接的联系。正如单元积木对积木游戏至关重要一样,基础砖块对建筑也至关重要。快速扫一眼你所在的社区,你会发现砖块在建筑物的设计和施工中无处不在。

砖石建筑是一种使用石头或混凝土砖、砌块砖和瓷砖的建筑类型。在砖石建筑中,砖块有标准的尺寸和形状。砖块和单元积木一样都是长方体。砂浆是一种黏合剂,用来把砖块粘在一起。砖块一般是由黏土而不是木头制成的。"砌砖(brickwork)"一词被用来描述铺设砖块的模式和过程。

为什么砖块这么重要?作为一名教师,我经常问孩子们:"你愿意用单元积木还是愿意用立方体积木来搭房子?为什么?"亲爱的读者,我现在也问你们一个类似的问题:"为什么长方体比正方体更适合搭建?"

你可能开始会说,长方体有拉长的平面或边,而正方体的正方形平面的面积更小。这就是关键。拉长的平面提供了更多的表面来铺设砂浆。也因为长方体更长,所以它比立方体更适合于交替搭建。将砖块错开放置比直接对齐放置建造的墙更稳固(见图1-3)。

图1-3

长方体砖块的概念在建筑和积木游戏中都很重要。

三、其他类型的积木

木制单元积木几乎是任何类型的学前积木游戏的完美选择,然而,肯定还有其他可以引发幼儿进行建筑游戏的玩具和积木套系。

木板条积木〔如凯瓦(KEVA)或卡普乐积木〕与单元积木有许多相同的特征。每一块木板条在尺寸和重量上都是标准和统一的,只是比单元积木更小、更轻。儿童可以在地板上玩木板条积木,也可以在桌子上玩。因为木板条积木比单元积木更小,所以操作它们需要更大的灵活性,更适合年龄大一点的幼儿园和学前班儿童(见图1-4)。

图1-4

木板条积木比单元积木更小和更轻。

立方体积木不如长方体积木常见。不同形状的积木提供的搭建机会是不同的。一套简单的木制立方体积木让人想起19世纪福禄贝尔首创的恩物。然而，因为受诸如"我的世界"这类数字游戏的影响，现在许多儿童被木制或泡沫立方体积木吸引。立方体是这些游戏中的建筑甚至是角色的直接构成单位。

磁力片和磁力积木也是很受欢迎的建构玩具。相关的玩具品牌有麦格纳（Magna-Tiles）、毕加索（PicassoTiles）和特古积木（Tegu Blocks）。有趣的是，对儿童来说，用磁力玩具搭建可能非常容易也可能非常困难。容易是因为磁铁将积木组合在一起，使它们保持连接，儿童不必担心平衡和对称。但是，如果磁铁没有正确对齐（比如，一块磁铁的正极与另一块磁体的正极相对），那么磁力积木就会在连接处断开或者移位。

如果班级里有磁力建构玩具，那么教师与儿童讨论磁铁的特性就很重要。这有助于帮助儿童理解，从而让他们学会利用磁铁的力量。

举例来说，如果儿童在用磁力片搭建时发生了意想不到或令人沮丧的事情，那么教师就可以把它当作一个教育契机。教师可以先问开放式问题，以判断儿童对磁铁的理解，如："我看到你搭建的房子的屋顶裂开并掉下来了。我想知道为什么会这样。你是怎么想的？"

儿童可能会说出"磁铁"这个词并表现出对磁铁工作原理的一些理解。这时教师可以帮助他通过反复尝试来探索如何翻转积木以使积木连得更紧。

另一种情况可能是，儿童没有玩磁铁的经验或对磁铁不了解。那么，教师可以用一对普通的马蹄形磁铁或条形磁铁，在磁铁两极贴上标签后向儿童演示磁铁如何相互吸引和排斥。一旦儿童了解了这样的基本原理，你就同样可以用此原理来向儿童解释磁力积木相互吸引和排斥的现象。

四、乐高积木

乐高是一种非常受欢迎的积木系统。乐高由丹麦玩具制造商奥利·柯克·克里斯琴森（Ole Kirk Cristiansen）于1932年发明，它颜色丰富，有多种尺寸和形状，价格相对便宜。

乐高的胖兄弟得宝（Duplo）也很受欢迎。得宝积木适合3岁以下的儿童和刚接触乐高玩具的儿童。由于得宝积木比乐高积木大，因此儿童用小手操作起来更容易，而且没有窒息的危险（见图1-5）。

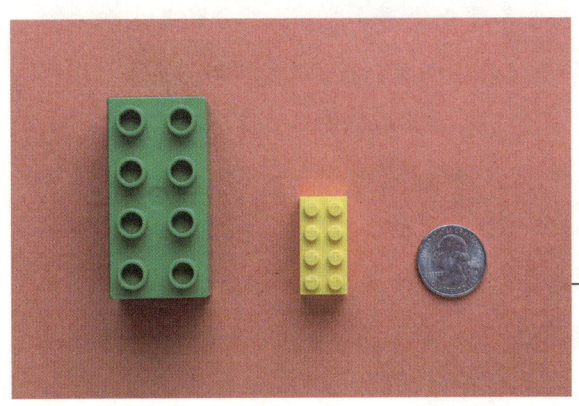

图1-5

图中绿色的是得宝积木块，比黄色的乐高积木块大得多，也更容易操作。

乐高积木和得宝积木都提供了不同于木制积木的体验。木质积木只通过重力靠在一起，而乐高积木则有紧紧咬合在一起的连锁设计。需要强调的是，乐高积木的这种连锁设计使其不能提供和木质积木一样的挑战和创造力。在儿童学习以稳固、对称的方式平衡和排列木质积木时，其精细动作和认知能力也得到了发展。

乐高积木作为辅助性的建构玩具，激发了儿童在搭建、设计和建构方面无穷无尽的创造力。由于它们功能多样，因此许多专业建筑师把它们视为学习和建模工具。

"乐高之家（The LEGO House）"是丹麦比隆市的一个儿童博物馆和游戏空间，其中有一个名为"六块积木工厂（6 Bricks Factory）"的特色互动展览。这个展览演示了基础款的乐高积木如何以多种创造性的方式进行排列。事实上，数学家瑟伦·艾勒斯（Søren Eilers）已经计算出，六块乐高积木可以有915103765种排列组合（Higgins，2017）。

> **关于特定主题乐高系列的说明**
>
> 作为一名受瑞吉欧影响、重视以儿童为中心学习的教育工作者，我觉得有必要澄清一下，我只推荐经典乐高系列作为建构游戏的创造性工具。经典乐高系列包含各种开展开放式游戏所需的基本积木形状，儿童可以按照自己的想象自由搭建。这些积木系列与生成性课程的进程是一致的，可以让儿童形成自己的想法和学习路径。
>
> 然而，我通常不推荐特定主题的乐高套装——这些套装通常包含详细的步骤说明，被设计来搭建特定的成品，包括乐高品牌主题（如乐高城市和乐高朋友）以及媒体推广的主题（如星球大战和漫威）物体。这类预先设计的套装限制了儿童的想象力和创造力，其中有些主题套装是为了宣传大众媒介特许经销权、电影、电视节目和数字游戏，可能会带有暴力、性别和文化刻板印象的元素。

五、积木和解构

无论是有意的情况还是意外的情况，几乎每一项积木建构活动都会在某个时刻转变成一种解构活动。正如我们在导言中所讨论的，解构为儿童情感发展、社会性发展以及逻辑分析思维能力的提升提供了许多机会。

福禄贝尔的恩物3（八块立方体）展示了积木的解构是幼儿学习数学

的一种方式。八块立方体堆叠成一块更大的立方体,被存储在一个立方体形状的盒子中。因为大立方体由部分组成,所以它可以被建构和解构。

福禄贝尔的积木暗示了积木游戏中的解构和数学中数的分解之间的相似性。数的分解意味着把数分解成其组成部分。数的分解一般是学前班的教育内容。虽然幼儿园阶段的幼儿可能还没有做好学习数的分解的准备,但使用积木的实际操作经验可以为幼儿计算思维的建立提供基础。

六、积木区

为了获得许可和认证,托幼机构通常需要创设积木游戏的空间,在选择积木游戏空间的位置和设置方式时,需要考虑很多实际因素。

许多托幼机构环境中都有积木区(见图1-6)。把积木区设置在教室的角落通常是合乎逻辑的选择,因为这将使积木区远离主要的交通通道。平整的低绒地毯有助于降低积木落地时发出的响声。

图1-6

积木区可能是教室里最漂亮和最有趣的区域之一。

一个班级里一般配备50～100块单元积木。把这些积木放在开放的架子上，贴上形状标签。这让儿童可以很容易地选择特定的尺寸和形状，也有助于他们整理积木。儿童练习观察和对三维形状进行分类，也是另一个学习解构的机会。

项目1
为喜欢的玩具建造一个家

家的设计受到住在那里的人（或玩具）的需要和活动的影响。为最喜欢的玩具建造一个家是一个学习建筑核心概念的很好的入门体验机会。平时对玩积木不感兴趣的儿童可能会被说服去为小玩具创造一个舒适的家。而有积木搭建经验的儿童可能会喜欢新的、有意义的挑战。

材料

这个项目的材料很简单：单元积木和小人（或动物）玩具。玩具人偶的高度最好不要超过14厘米（一块单元积木的长度）。

刺激和邀请

在积木区放一箱小玩具人偶。一对一或以小组的形式邀请儿童从箱子里选择一个最喜欢的玩具。（你也可以请儿童从家里带玩具。）问儿童："你的这个小朋友住在哪里？它需要一个家吗？"在游戏开始时，邀请儿童用单元积木为玩具搭建一个家。

考虑因素

除了最初的邀请，儿童可能不需要太多的帮助就可以开始为他们的玩具建造一个家。教师可能需要引导儿童学会共享和分配积木。

核心概念和开放式问题

在儿童建造家时（见图1-7），教师可提一些开放式问题让他们注意到家或房屋的特点。

图1-7

为玩具建造的家可能有屋顶，也可能没有屋顶。儿童可能更喜欢让家没有屋顶，这样他们可以看到里面的一切以及玩里面的玩具。

"你认为这个玩具需要什么样的家？"

"它的家应该有多大？你是怎么知道的？"

"你将如何为这个玩具建造一个家？"

"你认为你首先需要做什么？"

"你认为下一步需要做什么？"

"你会使用哪些积木？"

"你需要什么形状的积木？"

"你将如何使房子坚固和安全？"

"你的房子有哪些部分？"

"你需要墙吗？屋顶呢？你需要门吗？窗户呢？"

"你的玩具如何进出这间房子？"

"你的玩具在房子里会做什么？"

"这是朋友们可以来拜访的房子吗？他们会待在哪里？"

项目拓展

鼓动儿童让他们的玩具参观彼此的房子以延伸学习和游戏。儿童可能也喜欢在房屋之间修建道路或通道。积木或纸可以用来修建道路。

项目2
道路和桥梁

连接我们的家的道路和桥梁是建筑师和工程师所说的"建筑环境"的重要组成部分。用积木建造道路和桥梁考验了儿童以新的、不同的方式进行空间推理的能力。当儿童将他们搭的建筑连接起来时,他们会合作并获得运用语言和社交技能的经验。

材料

除了单元积木以外,你还需要玩具汽车和卡车,最好是1～5厘米宽。你需要几条5～8厘米宽的蓝色美术纸来代表水。

刺激和邀请

在积木区增加一篮玩具车常常会使儿童自发地搭建道路和桥梁。你也可以等到儿童建造好几栋建筑或房子后再把玩具车放进来,以作为各种建筑之间的交通工具。当儿童在地板上滚动玩具车时,你可以问他们:"我看到那辆车开得很快。它需要一条路吗?"如果车辆在行驶过程中遇到障碍物,那么你可以建议儿童搭一座桥以让车辆越过障碍物。蓝色纸条可以用来代表河流,你可以邀请儿童在河流上方搭建桥梁。教师可以在游戏开始时就把蓝色纸条铺在地板上,也可以在建构游戏开始后再添加蓝色纸条。

考虑因素

儿童需要在地板上有一大片空旷的区域来搭建道路和桥梁。你可能需要临时搬动一些设施以腾出空间。

当儿童连接桥梁和道路时,他们可能会注意到需要某种坡道来使车辆平稳地从路面开到桥上。单元积木通常包含几种不同类型的三棱柱体,可以用来做坡道。让儿童找出适合做坡道的积木,但要做好准备,对他们的实验和发现提供支持与帮助。你可以问:"我看到你的车需要一条路才能开到桥上。你可以在那个地方加上哪种积木?"

核心概念和开放式问题

当儿童搭建道路和桥梁时,你可以问一些问题,让他们注意这类建筑的设计特点。

"你需要什么样的道路?平坦的还是崎岖的?直的还是弯的?"

"你将如何搭建道路?"

"你需要什么样的积木来搭建道路?"

"你打算如何开始?"

"这里有一条河。你能做些什么让你的路跨过这条河?"

"你需要一座桥吗?你走过桥吗?桥是什么样子的?"

"桥的组成部分是什么?"

"是什么支撑着这座桥?"

"你希望你的桥有多高?"

"你如何才能使你的桥非常坚固?"

"你能做些什么来确保你的桥又平又直?"

项目拓展

用积木搭建道路和桥梁的过程提供了与儿童谈论测量的自然时机。你可以问一些问题，引导儿童关注测量的重要性。

例如，当儿童在纸质河上搭桥时，问儿童："你要搭多长的桥？"儿童可以用积木来测量桥（"这座桥有两个积木长"），或者你可以教他们如何使用尺子等更标准的测量工具。

儿童将从游戏中知道较长的桥需要额外的支撑。你可以再问一些问题，让他们注意到这些设计特点："我看到这座桥中间加了几块积木。你怎么知道添加的这些积木很重要？"

项目3
高楼和公寓楼

并不是所有的儿童都住在传统的独户住宅里。住在多户住宅和公寓楼的儿童会喜欢搭建反映他们熟悉的环境中的建筑。住在传统独户住宅的儿童也会从对不同类型的住宅的了解中受益。

材料

你需要单元积木、人和动物的小玩偶以及木板或纸板。如果你发现班里的积木不够大而无法建造出各种有趣和复杂的建筑，那么你可以试着添加一些扁平的木板或纸板。儿童可以用这些平板来做地板和地基。我推荐宽度和长度为30～60厘米、厚度约为2.5厘米的长方形平板。要确保平板的边缘光滑，不会造成刮擦或破裂。

刺激和邀请

可以把不同类型的家的插图和照片作为刺激，来激发儿童搭建各种各样有创意的建筑。你可能想提供你所在社区的多户住宅和公寓楼的照片。我还推荐以下图画书。

《家》（*Home*，Carson Ellis，2015）

《如果你住在这里》（*If You Lived Here*，Giles Laroche，2011）

《窗》（*Windows*，Julia Denos，2017）

《房屋和家》（*Houses and Homes*，Ann Morris，1995）

《你属于这里》（*You Belong Here*，M. H. Clark，2016）

考虑因素

虽然单元积木很少会造成伤害，但是每当儿童用积木搭建高楼大厦时，他们要确保建筑物周围有足够的空间来作为安全的"坠落区"，因为如果儿童把建筑搭建得太近，那么积木可能会砸到儿童身上，或者撞倒正在建造中的其他建筑（见图1-8）。

如果儿童使用的是非常大且很重的积木（如空心积木），那么教师可以帮助儿童选择一个搭建场地，这个场地要与其他儿童游戏的地方保持安全距离。特别大的积木也可以在户外使用。

核心概念和开放式问题

搭建更大更高的建筑会激励儿童解决更复杂的工程问题。儿童用积木建造一座高楼，需要先搭建一个坚实而稳固的底座。儿童必须小心地平衡和对齐积木以防高楼倒塌。错误是学习的机会。

你可以问一些问题，让儿童注意到高楼和其他大型建筑物的建筑特征。

"你将如何使你的建筑更高？"

图1-8

许多儿童喜欢搭建高楼的挑战。

"哪些积木适合搭高楼?为什么?"

"建造高楼和建造矮小的房子有何不同?"

"谁住在这栋楼里?"

"人们将如何从一层楼移到另一层楼?"

"我看到你在你搭的建筑底部放了一个由几块扁平的大积木组成的地基,你为什么选择那样放呢?"

"我注意到你的高楼倒塌了,现在你又在搭。你是在用同样的方式搭高楼,还是在搭新的东西?"

项目拓展

儿童常常会被建造高楼的想法吸引,他们想建很高的楼,甚至一直延伸到天花板。电影《大胆思考——拓展生成课程项目》(*Thinking Big: Extending Emergent Curriculum Projects*)(Felstiner, Pelo, & Carter, 1999)中就有一个这样的好例子。

电影中教师想出了一个好主意:邀请儿童在镜子上面搭建一座高楼。地板上平放着一面防碎的亚克力镜子。教师邀请儿童在上面搭积木。儿童惊讶地发现,当他们向上建造高楼时,倒影似乎在描绘高楼"向下生长"的样子。在建构游戏中添加镜子通常会增加令人惊喜的新视角和新想法。

第二章
自然材料和开放性材料

早在学者们开始研究儿童发展之前,儿童就一直在用小树枝、石头和树叶等自然材料进行游戏和搭建。实际上,这些自然材料确实是历史上建筑的基础。

早期人类学习建造家园的方式与幼儿学习搭建的方式相同——都是把周围环境中找得到的自然材料拼在一起。在法国的特拉阿玛塔(Terra Amata),人们发现了最早为人所知的人类建造的房屋之一的证据。40多万年前,一个狩猎采集部落建造了一个椭圆形的小屋,他们将树枝插进地里并用一圈石头加固墙壁(Tattersall, 2013)。这些早期人类的建造技术与导言中开场的那个小女孩的搭建方法(用小树枝和石头建造一个小房子)非常相似。

一、自然材料的永恒魅力

现在的家庭和学校很容易获得各种各样的彩色建构玩具产品。那么,为什么儿童仍然被石头、树枝和树叶等自然材料吸引呢?有两个重要的原因。

第一,儿童喜欢"开放性材料"的开放性。儿童可以用各种各样的模式和组合来操作、控制和安排这些材料。没有关于如何使用小树枝进行搭建的规则或说明手册。每个儿童可以自由地发明自己的游戏、建造和假装方式。安托瓦妮特·波蒂斯（Antoinette Portis, 2007）的图画书《不只是根树枝》（*Not a Stick*）中对这一点进行了很好的描绘。在书中，主人公假装树枝是各种令人兴奋的道具（如钓鱼竿、剑或画笔）。

第二，因为儿童对自然界有着直觉上的迷恋，所以他们喜欢玩户外发现的自然材料。即使儿童很小，他们似乎也明白，户外发现的零碎物品（植物的各个部分、树枝和石头以及泥土本身）都是特别的和独特的。成人不需要告诉儿童大自然是美丽的；他们每次到户外都能自己看到并感受到这一点：阳光照在水面上，五颜六色的植物，日落时的天空，以及周围所有令人惊奇的气味和质地。大多数幼儿都渴望体验大自然母亲赐予的礼物（见图2-1）。

图2-1
用自然材料进行游戏和搭建可以使儿童感受到各种颜色、质地和形状。

作为教师、照护者和家长，我们的工作是确保儿童尽可能经常地在户外玩耍。理查德·洛夫（Richard Louv）是备受赞誉的畅销书《林间最后的小孩——拯救远离自然的儿童》（*Last Child in the Woods: Save Our Children from Nature*）的作者。他大力倡导户外游戏。洛夫写道："儿童非常需要接触大自然，就像他们需要良好的营养和充足的睡眠一样。"（Louv, 2008, p.3）

二、开放性材料和自然材料的感官体验

幼儿通过他们的感觉（嗅觉、触觉、视觉、听觉甚至味觉）来学习。皮亚杰认为"感知运动（sensorimotor）"探索是认知发展的一个重要阶段。当我们观察儿童如何玩石头、贝壳、树枝和树皮等开放性材料时，我们看到了各种这样的行为。这些感官体验是学步儿和学前初期儿童的典型活动。不过，所有儿童都会表现出这种基于感官的游戏行为，尤其是在新环境中和第一次接触新材料时。

儿童常常从感官探索开始，如触摸、抓握、嗅，甚至品尝物体。（对于这个阶段的儿童，为了安全起见，成人需要密切监督儿童，尤其是监督3岁以下的幼儿。）自然材料有多种复杂的气味、质地、颜色和图案，它们刺激大脑的方式是人造材料无法实现的。

自然材料和人造材料之间较有趣的感觉差异之一是它们的气味。儿童往往很快就会注意到这一点。一篮橡子，尤其是刚采到的橡子，其气味明显不同于塑料玩偶或平板电脑。

虽然自然材料的气味并不总是令人愉悦的，但它始终是学习体验的一部分。研究表明，在五种感觉中，幼儿的嗅觉最敏感。

我们经常在幼儿身上看到的另一种感官行为是采集和收集，这是一种触摸形式。儿童通常会把收集到的自然物握在手里，或者放进衣服口袋或桶里。当有很多石头、贝壳或小树枝可以触摸、拿着、把玩和收集时，他们会感到特别兴奋。

当儿童玩数量较大（10个、20个，甚至可能100个以上）的物品时，他们能够以各种各样的方式操作这些物品。儿童渴望以创造性的结构和模式来搬运、倾倒物品并对其进行分类、排列和分发。

儿童对自然材料的开放式感官探索为后续STEM学科领域的学习奠

定了基础。儿童在游戏中建立了令人兴奋和富有挑战性的数学和科学概念（如体积、分类和守恒）的基础。

三、使用自然材料的假装游戏

当学前儿童和学龄儿童用自然材料在户外搭建时，他们经常进行假装游戏，尤其是在一起玩社会性游戏时。一把五颜六色的岩石变成了海盗的宝藏。一堆泥和石头，经过儿童精心塑造，被拍打成一个土堆，被当作生日蛋糕。在许多情况下，自然材料可以用来建造大型的、接近实物大小的建筑物，并且非常适合假装游戏。

爱丽丝·麦克勒伦（Alice McLerran, 1991）的绘本《洛克萨博克森》[Roxaboxen, 芭芭拉·库尼（Barbara Cooney）/图]中描述了一个儿童用自然材料进行假装游戏的例子。这个例子来自一群儿童的真实故事（见图2-2）。孩子们用自然材料（如岩石、沙子和多刺的刺木树枝）和现成的物品（如木箱和打坏的盘子碎片）创造了自己假想的小镇。在《洛克萨博克森》中，儿童把石头排成几排来表示街道和房屋墙壁的界线。许多建筑部分（如屋顶）完全是儿童想象的。

图2-2

这个玩具之家的灵感来源于《洛克萨博克森》，该书讲述了一群儿童用开放性材料和现成物品建造了一个假想的小镇的故事。

这种真实物品和假想特征的结合体现了许多儿童用开放性材料和自然材料建造大型建筑物的方式。自然材料通常太小而无法建造出假装游戏需要的足够稳定和完整的更大的建筑。儿童只是使用这些材料来创造一些结构，这些结构可以代表足够大的、儿童能够在其中进行假装游戏的墙壁和道路。从本质上来说，他们创造了自己的想象地图，并创设了自己的假装游戏环境。

四、建筑游戏和自然材料

儿童在搭建小尺寸的建筑物时更有可能搭建完整的结构。例如，他们通常会在用树枝和石头建造的微型房屋中加上墙壁、屋顶和其他建筑部分。开放性材料的开放性激发了儿童的创造力，并为他们提供了解决问题的机会。

当儿童有足够的机会通过试误来进行实验时，他们就会知道把树枝插入土壤中比仅仅把它们放在地面上能搭出更坚固的墙。有志于成为建筑师的儿童也会发现，扁平的石头可以堆叠起来，更大、更重的石头放在底部的效果最好，这样可以为搭建的家提供紧贴地面的坚实的基础。儿童将面临的另一个令人着迷的工程挑战是在建筑物上加屋顶。他们可能会发现，大的树叶或树皮很平、很轻，可以用来盖屋顶。

五、教室里的开放性材料

莉萨·戴利（Lisa Daly）和米丽娅姆·别洛戈洛夫斯基（Miriam Beloglovsky）是获奖图书《开放性材料：幼儿创造性游戏》（*Loose Parts: Inspiring Play in Young Children*, 2014）一书的作者，他们写的这本书是关于开放性材料的重要参考书。他们还写了几本书，如《开放性材料2：婴幼儿创造性游戏》

(*Loose Parts 2: Inspiring Play for Infants and Toddlers*，2016)、《开放性材料3：创设文化可持续的环境》(*Loose Parts 3: Inspiring Culturally Sustainable Environments*，2018) 和《开放性材料4：激发21世纪的学习》(*Loose Parts 4: Inspiring 21st-Century Learning*，2020)。

戴利和别洛戈洛夫斯基指出，建筑师西蒙·尼克尔森(Simon Nicholson)最初创造了"开放性材料(loose parts)"一词。他观察到，"在任何环境中，发明和创造的程度以及发现的可能性，都与变量的数量成正比"(Nicholson，1971，p.30)。例如，对用树枝搭建户外建筑的儿童来说，变量包括天气、土壤状况以及树枝本身的形状和大小。

虽然幼儿园教室里的环境变量比户外少，但我们仍然可以为儿童提供开放式的游戏和建构机会。教师可以将收集的自然材料带进室内，放在感官桌上或者地板或桌子上的篮子里，让儿童玩。

如果你想把开放性材料带进教室里（见图2-3），那么你必须注意确保这些材料对幼儿是安全的。例如，要避免有锋利边缘的物品（如尖锐的树枝或松针）和可能会导致窒息的小物品（如小石头）。以下是一些可用于开

图2-3
用有趣的碗或容器呈现的开放性材料可以作为吸引幼儿参与的刺激物。

放式游戏的自然材料示例。

- 岩石、石头和鹅卵石
- 橡子
- 树叶和茎
- 枝条和细枝
- 种子和豆荚
- 树皮碎片
- 贝壳
- 松果

六、沙——最松散的开放性材料

玩沙游戏在托幼机构中很常见（见图2-4），有的是在户外的沙箱中进行，也有的是在室内的感官桌上进行。沙是由微小的岩石和矿物碎末构成的，是最松散的开放性材料。它为创造性的感官游戏提供了无限的机会。

图2-4

这所幼儿园里除了有一个沙箱，还有一个专门用来玩泥巴的活动区域。

沙也是一种建筑材料。混凝土中用沙来做骨料、填料或增强剂。这意味着，当儿童玩沙和水时，他们正在试验工程师在建造混凝土建筑时使用的变量。沙将是本章项目和活动中的特色材料之一。

七、用自然材料创设刺激

由于开放性材料的开放性,用石头、树叶、贝壳和其他自然材料提供刺激有无穷的可能性。教师可以在使用自然材料的专业艺术家和建筑师的作品中找到灵感。艺术家安迪·戈兹沃西(Andy Goldsworthy)用石头、树叶甚至冰雪等材料创作户外雕塑。《安迪·戈兹沃西:与自然的合作》(*Andy Goldsworthy: A Collaboration with Nature*,Goldsworthy,1990)一书中的图片可能会形成刺激。就此而言,这些图片本身可以作为刺激物来呈现(见图2-5)。

图 2-5

受安迪·戈兹沃西的作品启发的贝壳刺激。

有关石制品的建筑图书[如查尔斯·麦克雷文(Charles McRaven)的《石头入门》(*Stone Primer*,2007)和简·约翰逊(Jan Johnson)的《石头的精神》(*The Spirit of Stone*,2017)]也可以用来激发幼儿的灵感。

你可以把刺激设置在教室中央突出的位置,如主桌或地毯上;也可以把刺激（开放性材料和自然材料）设置在一些特别的地方。也许你想在积木区安排一种刺激。树枝、石头和其他自然材料是木质单元积木的极好补充。开放性材料可用于装饰积木搭的建筑和添加诸如通道或门厅之类的建筑要素。你也可以在彩色铅笔旁边的艺术架上放一把彩叶扇。或者可以在图书区里放一篮豆荚，和戴安娜·赫茨·阿斯顿（Dianna Hutts Aston）的可爱的绘本《种子困了》（*A Seed Is Sleepy*，2007）放在一起。

项目4
装饰沙堡

说到自然材料，我们能建造的具有标志性的建筑之一就是沙堡。任何用湿沙做的建筑都是"城堡"，即使它没有塔楼、三角墙、角楼、护墙或护城河。你可以请儿童在沙箱或感官桌上建造各种类型的沙堡或房屋。

儿童可以通过用手将湿密的沙子堆砌成型来建造沙堡。然而，一种更具挑战性和吸引力的建构方法是用桶、模具或其他容器。首先，把密实的湿沙装进桶或模具里。接下来，快速地将容器翻转到地面或操作台上。最后，轻轻地提起容器以使沙保持容器的形状。沙堡的结构一旦形成，儿童就可以用开放性材料进行装饰和美化。

材料

对于这项活动，沙和水是主要材料。此外，你还需要桶、模具或容器以及各种装饰用的开放性材料（如石头、树枝等）。

刺激和邀请

有时候，儿童唯一需要的引导是沙堡的照片。关于沙堡和城堡的具有吸引力的图画书如下。

《海滩上的一天》(Day at the Beach, Tom Booth, 2018)

《沙堡》(Sandcastle, Phillip Buntin, 2019)

《洛拉建造的沙堡》(The Sandcastle That Lola Built, Megan Maynor, 2018)

《城堡》(Castle, David Macaulay, 1982)

考虑因素

成人可以通过鼓励儿童在沙中加不同分量的水来支持儿童的游戏、探索和学习。关于湿沙如何粘在一起的科学解释是依据表面张力的概念。水在沙粒之间形成了液态的桥。因此，儿童可以看到，不同分量的水如何影响沙的质地以及建造密实的沙堡的效果。

核心概念和开放式问题

你可以问一些问题，让儿童注意沙的质地和用沙进行建造的挑战，例如：

"你认为是什么让沙粘在一起的？"

"你需要很多水还是一点水？你怎么知道？"

"如果沙太湿了怎么办？"

"如果沙太干了怎么办？"

"我们怎样才能让这座沙堡更坚固？"

"为了使这座城堡更有趣或更美丽，我们能给它加点什么？"

"沙堡开始变干时会发生什么？"

"你觉得我们应该怎么做才能让沙堡更持久？"

项目拓展

如果你生活在寒冷的地方，那么你可以用同样的技术建造雪城堡或雪堡垒。在一场潮湿的大雪后，儿童可以进行更大规模的建构游戏。桶或模具可以用来制作"砖块",这些砖块可以堆砌成几乎和实物一样大小的墙。尽管儿童可能需要成年人的支持和帮助来协作完成雪堡垒的建造,但许多儿童会喜欢这一挑战。儿童可以用刷子或喷雾瓶,加些稀释的水粉颜料或食物色素来给用雪做的建筑物上色。

项目5
隧道和运河

大多数幼儿喜欢用手或铲子等工具挖沙子或泥土。这是为什么呢?因为挖洞似乎能使儿童获得简单而深刻的满足感。

由露丝·克劳斯(Ruth Krauss)撰文、莫里斯·森达克(Maurice Sendak)绘图的图画书《洞是用来挖的》(*A Hole Is to Dig*)于1952年首次出版。这本书探讨了挖掘和发现洞的许多乐趣(Krauss,1989)。书中的文字用的是孩子的语言:"当你踩进洞里的时候你会掉下去。"书里有些句子(如"也许你可以把东西藏在洞里")对儿童具有启发意义。

由于热爱挖掘,因此儿童会喜欢修建运河和隧道。这些建筑在我们的社区(家园)里起着重要作用。城市建筑和建筑环境的布局依赖于运河和隧道。

材料

挖运河和隧道只需要两样东西:需要挖的东西和用来挖的东西。"需要挖的东西"可以是沙箱、泥土,也可以是装有砾石、黏土或其他可挖掘的物品的感官桌。那么用什么来挖呢?有的儿童喜欢用自己的手挖,也有许多儿童喜欢用树枝、勺子或铲子挖。

在这个过程中,加水可以增加一些刺激、复杂性和挑战。当在户外挖掘时,儿童喜欢使用水管或水龙头来将水桶装满水。在室内,教师可以给儿童提供装水的容器，如儿童可以独立倾倒和操作的小喷雾瓶或洒水壶。

刺激和邀请

事实上，幼儿不需要挖掘的刺激或邀请。不管怎样，关于运河和隧道的书籍可以拓展他们的思维，并促使他们去仔细考虑挖掘的实际用途。绘本和科普参考书中的剖视图揭示了洞穴和隧道结构的有趣细节。

例如，由马克·巴尼特（Mac Barnett）撰文、乔恩·克拉森（Jon Klassen）绘图的图画书《山姆和戴夫挖了个洞》（*Sam and Dave Dig a Hole*，2014）讲述了两个儿童挖掘宝藏的奇幻故事（见图2-6）。图画书中的剖视图幽默地揭示了他们挖的隧道的曲折路线。

图2-6

乔恩·克拉森在《山姆和戴夫挖了个洞》一书中绘制的插图展示了一种不同寻常的视角——剖面视角。（Text copyright © 2014 by Mac Barnett. Illustrations copyright © 2014 by Jon Klassen. Reproduced by permission of the publisher, Candlewick Press, Somerville, MA.）

夏洛特·吉利安（Charlotte Guillian）的《脚底下的街道》（*The Street beneath My Feet*，2017）是一本更写实的图画书，它通过剖视图展示了人类在城市地下修建的隧道和其他结构。此外,琼·麦肯(JoAnn Macken)的科普读物《挖掘隧道》(*Digging Tunnels*, 2008)中还有一些关于交通隧道及其建造过程的照片。

考虑因素

当儿童挖掘时,你可以观察他们的游戏并倾听他们关于正在做的事情的谈话。你在和他们交谈时,可以通过介绍建筑领域的相关概念来寻找拓展和挑战他们的思维的机会。

幼儿可能不知道"运河(canal)"和"隧道(tunnel)"的术语。你可能需要在他们的游戏中解释和界定这些词:运河是一个没有顶的长洞,通常用来把水从一个地方运到另一个地方(见图2-7);隧道也是一个长洞,但通常有顶;隧道可以运水,也可以是储存东西的地方,还可以是人、汽车和火车的通道。

图2-7

沙滩是玩沙的绝佳场所,因为那里既有沙子又有水。

在挖隧道时,大多数儿童会一直挖,挖得越来越深,直到隧道坍塌。当儿童挖运河并尝试用水注满运河时,情况也是如此。儿童因为希望他们的运河能容纳大量的水流,所以会不停地挖,这只会让运河两侧坍塌,水被沙子吸收。

这些工程问题是儿童学习过程的重要组成部分；大多数儿童似乎并不介意。不过，你可以向他们提出挑战，让他们思考建造结构更坚固的隧道和运河的方法。

核心概念和开放式问题

你可以问一些问题，扩展儿童关于挖掘洞穴、运河和隧道的认识。

"你在挖什么洞？"

"当你挖一个很深的洞时会发生什么？"

"当你挖一个很长的洞时会发生什么？"

"当你把水倒入洞里时会发生什么？"

"你还能往洞里放什么？"

"在修建隧道和运河的过程中，你遇到了哪些困难？"

"人们是如何修建运河和隧道的？他们需要什么工具和材料？"

项目拓展

参观附近的运河或隧道也能激发儿童讨论和探索。在理想的情况下，找一条儿童可以接触和穿行的人行隧道。此外，还要寻找能将水从道路和桥梁中排出的水泥涵洞，不过一定要教儿童与这些排水系统保持安全距离。

项目6
精灵屋

精灵是一种生活在森林或其他自然环境中的神秘而有魔力的小生物。关于精灵的故事已经流传了好几个世纪。牙仙的故事经常在美国和欧洲的家庭中流传。由西塞莉·玛丽·巴克（Cicely Mary Barker）创作的花仙子故事是最经典和流传时间最长的精灵故事。另一个较受欢迎的精灵故事是詹姆斯·马修·巴里（James Matthew Barrie）的彼得·潘（Peter Pan）和小叮当（Tinkerbell）仙子的故事。

建造精灵屋是一个深受各个年龄段的花匠和工匠喜爱的项目，主要是用自然材料和开放性材料在室外建造一个微型建筑。建造的目的是希望精灵选择来这里生活。许多幼儿喜欢与父母和老师一起建造精灵屋，尤其是当他们喜欢上神话故事的时候。

建造精灵屋的规模与玩具屋相似。事实上，一些精灵屋的建筑师也会制作或购买精灵小塑像，使其"住"在房子里。

材料

本章中描述的任何自然材料和开放性材料都可以用来建造精灵屋。莉莎·加德纳·沃尔什（Liza Gardner Walsh）的《精灵屋手册》（*The Fairy House Handbook*, 2012）中推荐了以下材料。

- 松果
- 羽毛
- 芦苇
- 树皮
- 贝壳
- 褪色柳
- 苔藓
- 岩石
- 叶子
- 海藻
- 橡果帽
- 树枝
- 玉米须

刺激和邀请

孩子们喜欢的一种刺激是分享一个最喜欢的神话故事，随后教师可以邀请他们为书中的精灵建造一座房子。下面是以精灵或其他小生物为特色的图画书。

《花仙子全集》（*The Complete Book of the Flower Fairies*，Cicely Mary Barker, 2002）

《玩偶们的房子精灵》（*The Dolls' House Fairy*，Jane Ray, 2009）

《一个精灵朋友》（*A Fairy Friend*，Sue Fliess，2016）

《假如你看到了仙女的戒指》（*If You See a Fairy Ring*，Susanna Lockheart，2007）

《彼得在蓝莓乐园》（*Peter in Blueberry Land*，Elsa Beskow，1987）

《小园丁》（*The Little Gardener*，Emily Hughes，2018）

考虑因素

在户外搭建精灵屋的第一步是选择合适的建造场地。房子必须建在一个安静的地方，这样精灵才最有可能感到安全和受欢迎。让儿童帮忙寻找一个精灵可能喜欢居住的地方。可以寻找已经看起来像房子的独特的自然物，如树的中空底部或者由树叶和茎构成的小"洞穴"。

接下来，请儿童四处搜寻有助于确定精灵屋的入口和其他特征的自然材料，如树枝和石头。一小块树皮可以成为前门，碎石可以被铺作迎宾道。橡果帽等小物件可以作为装饰物。教师还可以鼓励儿童搭建一个小型的精灵野餐场景，用树叶作为毯子，用贝壳或豆荚作为菜肴。

核心概念和开放式问题

当儿童建造和玩他们的精灵屋时，你可以问一些问题，以引起他们对小规模的建筑工程带来的挑战的注意。

"精灵们有多高？"

"你觉得住在这么小的房子里的精灵会是什么样的？"

"你觉得精灵喜欢住在什么样的房子里？"

"这么小的精灵会用什么做床或枕头？"

"你认为精灵们用什么做食物和菜肴？"

"我们如何建造一座精灵想要的房子？"

"我们该怎么做才能向精灵展示这是一座漂亮的房子？"

项目拓展

请儿童为精灵和精灵屋寻找自然材料之外的物品。瓶盖可以作为精灵的盘子。冰激凌盘可以作为精灵的船。在教室里寻找这些物品,根据需要进行清洗,然后将它们添加到儿童的作品中。(在下一章中,我们将讨论现成物品和可回收物品。)目的是引发儿童的对话,让他们运用自己的想象力更深入地思考小型世界里的生活。

第三章
现成物品和可回收材料

发现一分钱，

把它捡起来，

一整天，

你都会有好运！

这首古老的诗表达了当我们在一个意想不到的地方发现有价值的东西时所感受到的幸运感。也许是人行道上的一分钱，海滩上的一块漂亮的海玻璃，操场小路上的一个彩色瓶盖。现成物品具有各种神奇的特性。

儿童似乎能比成人更强烈地感受到这种发现的兴奋。也许是因为这个世界对儿童来说一切都是新的，几乎每一次经历都是新奇有趣的。或者，这可能是因为儿童在没有任何成人帮助的情况下自己找到东西时，会有一种力量感和自主感。如果你曾经和一个小孩或一群小孩散过步，那么你就知道他们通常会敏锐地发现地上有趣的东西：一个坏玩具车上的轮子，一把很久以前从别人口袋里滑出来的旧钥匙，一只从野餐篮里掉下来的黏黏的塑料勺子。

被成人认为是垃圾的物品可能对儿童来说就是宝贝（见图3-1）。出于安全考虑，有些物品最好被留在地上，或者在成人的帮助下放到垃圾桶或回收站。但是，成人可以在合理的范围内帮助儿童做出决定来支持他们，比如帮助儿童决定哪些物品可以留下来并用于项目和游戏。

图3-1

我班里的幼儿喜欢玩我从教多年来收集的钥匙。

这一章描述了用现成物品和可回收材料［比如，在不太可能的地方发现的小宝物（如操场上的瓶盖）以及更大的材料（如准备回收利用的奶瓶）］进行发明与建构的好机会。

一、绿色建筑

与儿童一起使用现成物品和可回收材料来创作建筑项目非常符合绿色建筑的理念，这是一种将对环境的危害降至最低的建筑方法。"绿色"建筑物由可重新利用或可持续的材料制成，它在能源和水的使用方面是高效的，并且以尊重周围环境中的植物和动物的方式进行建造。

虽然大多数学龄前儿童的年龄还小，无法学习绿色建筑，但是他们能够意识到善待生物的重要性。他们直观地理解建筑（无论是游戏中的还是现实中的建筑）都应该尊重人、动物和植物。在他们的家庭、学校和社区中，材料的重新使用、回收和调整利用可能已经属于优先考虑的事情了。现成材料也是一种最大限度地利用课堂预算的低成本方法。

二、纸板刺激

纸板是建构游戏中一种很重要的可回收材料,你将在下面的项目部分中发现这一点。《凯恩的游乐场》(Caine's Arcade,2012)是一部简短的纪录片,讲述了一个小男孩在父亲位于东洛杉矶(East Los Angeles)的二手汽车配件店内建造了一个巨大的纸板游乐场的故事。这部电影在社交媒体上引起了轰动,激励了无数年轻的发明家创作自己的纸板游乐场游戏。

我经常用《凯恩的游乐场》来启发各个年龄段的儿童。如果你的学校最近收到了一批家具或用品,有许多可以用于游戏或建构的纸箱(见图3-2),那么这部电影尤其适合作为一种刺激物。当谈话中碰巧涉及"我

图3-2

纸巾和卫生纸筒是很好的建构材料。

们能用纸板做什么?"这样一个问题时,教师就可以带儿童看一看《凯恩的游乐场》了。

不只是儿童用纸板进行搭建。自20世纪40年代巴克敏斯特·富勒(Buckminster Fuller)用瓦楞纸板建造了一间样板房以来,建筑师们就一直在尝试使用纸板进行建筑。纸板的吸引力源于其低成本和环境可持续性。

在网上搜索纸板建筑的图片,如中国重庆大学的房屋展览图片。分享这些图片可以激发和启发儿童的纸板创造。

项目7
纸板玩偶之家

我童年里美好的记忆中有一部分就是和邻居小伙伴一起制作纸板玩偶之家的经历。我们会找一个父母不再需要的大箱子。我们在上面画一些正方形和长方形,标记出门窗位置,试着用安全剪刀剪掉它们,但往往不得不请家长或哥哥姐姐帮忙。当然,剃刀的切割效果最好,但只有成人才能使用。

我不记得用我们做的房子做游戏的具体情景了;我们最喜欢的是建构和设计的过程。我们会花几小时来添加一些小细节,如用纸巾做成的窗帘或用撕碎的棕色纸袋做成的屋顶瓦。

用纸板箱盖房子对家庭或学校来说是一项很棒的活动。虽然儿童会遇到一些比较复杂的任务(如切割窗户),可能需要成人的帮助,但是成人可以邀请儿童在设计和决策过程中发挥带头作用。根据我的经验,这个项目很适合一小群孩子合作搭建一座房屋。

材料

纸板箱是主要的建筑材料，儿童将把它变成玩偶之家。它必须足够大，能容纳住在里面的玩具娃娃。例如，一个中等大小的装运箱里适合放置15～20厘米高的玩具娃娃或其他玩偶。

此外，你还需要各种装饰房子的艺术用品，比如颜料和废纸。儿童也会喜欢收集现成的物品和可回收物（如小酸奶杯和瓶盖），把它们用作玩偶之家里的家具和家居用品。

刺激和邀请

平日里学校的经历激发了儿童用纸板箱制作玩偶之家的兴趣。即使没有你的建议，儿童也可能会发现一个空纸板箱，并立即想到把它变成一座房子。或者你可以把一个箱子带到教室里，将它作为一种刺激物，并问儿童："我们能用这个箱子做什么？"

阅读吉赛尔·波特（Giselle Potter）的图画书《这是我的玩偶之家》(*This Is My Dollhouse*, 2016) 可能会引发儿童对制作纸板玩偶之家的兴趣。在这个故事中，一个女孩自豪地创作了自己的纸板玩偶之家，包括手绘的壁纸和一部用穿在绳子上的纸杯做成的电梯。女孩很喜欢她的纸板房子，直到她出去玩时看到朋友在商店买的精致的玩偶之家，突然之间，她觉得家里手工制作的房子似乎不那么漂亮了。然而，两个女孩很快就发现，当用自己的想象力和双手为玩偶设计道具和故事情节时最有乐趣（见图3-3）。这本书里的插图（比如一盘用黄色纱线制成的"意大利面"）肯定会为儿童的纸板玩偶之家的创作带来一些很棒的启发。

图3-3

在吉赛尔·波特的《这是我的玩偶之家》一书中,主人公发现,他们自己设计和建造的玩偶之家比从商店购买的有趣得多。

考虑因素

邀请儿童一起选择箱子或玩偶。这将是一个讨论尺寸、测量和比例的好机会。让儿童把他们的玩偶抱到箱子旁边并问他们:"你觉得这是适合这个娃娃的好房子吗?门需要多大?天花板需要多高?这个娃娃住在这么大的房子里舒服吗?"

在儿童创作房子的过程中,做好帮助他们的准备。如上所述,切割门窗需要一把美工刀或锋利的剪刀。这项任务只能由成人完成,但儿童可以通过画线条来绘制这些部位。另一种选择是根本不剪纸板,只让儿童画出细节并用他们的想象力来填充其余的部分。

当幼儿一起合作完成一项任务（如建造纸板玩偶之家）时，他们必然会遇到问题和冲突。谁来决定房子的设计？谁来装饰它？谁可以用它做游戏？

这些问题是示范协作决策过程的绝佳机会，协作决策需要幼儿倾听彼此的想法并轮流进行。请记住，幼儿只是刚刚开始学习使用这些社交技能。他们通常需要成人来帮助解决出现的问题。

也要记住，制作纸板玩偶之家不是一个快速简单的项目。最初的安排可能需要分成几个部分来做，比如确定房子的位置，切断盖子或侧面以方便进出箱子，增加门和窗户等。添加一些特色装饰和家具可能需要数周甚至数月的时间。在儿童完成玩偶之家的制作后，其游戏兴趣可能会有所减弱，教师不用担心，因为，快乐就在这个过程之中。

核心概念和开放式问题

当儿童工作时，你可以问一些问题，以吸引他们注意玩偶之家的建筑特征和建造真房子所涉及的设计元素。

"房子的组成部分是什么？"

"什么使房子坚固和安全？"

"这些娃娃将如何进出这栋房子？"

"他们如何从一楼到二楼？"

"这些娃娃在这栋房子里会做什么？"

"他们需要什么样的房间？他们需要什么样的家具？"

"下雨或天气变冷时会发生什么？这座房子能让娃娃保持温暖和干燥吗？"

项目拓展

当儿童得知成人和他们一样喜欢制作娃娃的房子和家具时，他们可能既惊讶又高兴。制作玩偶之家是制作微缩模型的爱好者和艺术家们的一大传统。微缩模型是指小型的物品和环境,可以涵盖任何事物,例如:小到雕刻在胡桃壳上的微小立体景观,大到巨大的火车模型城市等。儿童在教师的帮助下探索成人是如何从事这些活动的。

例如,荷兰艺术家卡琳娜·沙普曼(Karina Schaapman)的《老鼠公馆》(*The Mouse Mansion*,2014)是一本非常棒的图画书,其中就有她用纸板和纸浆精心制作的微型房屋的照片。儿童喜欢研究这些照片,从而发现可用来建造老鼠公馆的各种材料(通常是现成的物品)。另一个精美的微型环境模型的范例是芝加哥科学与工业博物馆(Museum of Science and Industry)中科琳·穆尔(Colleen Moore)的童话城堡。

当然,建造完整的房子并不是儿童喜欢制作微型模型的必要原因。无论儿童是用黏土制作一把小椅子,还是用棉花填充一个小盒子来制作娃娃的床,他们在小规模的建构活动中都能获得设计工程的经验,练习重要的 STEM 技能。

项目 8
织物帐篷和堡垒

帐篷是用布做的遮蔽物,由杆或支架支撑。帐篷通常是一种临时搭建的物品,在人们去海滩时提供阴凉或者在人们野营旅行时提供休息的地方。

许多儿童喜欢用床单、毯子、椅子等现场任何可用的东西来搭建自己的临时帐篷。稍微加一点想象,帐篷就可以变成堡垒,孩子们可以假想自己在抵御外敌。常见的沙发堡垒是用坐垫做支撑,在顶部覆盖一张床单形成堡顶,这是重复利用现成材料的经典例子。(在这种情况下,游戏结束后,必须将材料放回正确的位置。)

大多数幼儿园里没有沙发垫和客厅家具，但只要稍加简化，孩子们就仍然可以在学校设计和建造织物结构。

材料

一张又大又轻的床单呈现出的效果最好。刚开始的时候，床笠（四周有松紧带可以包住床垫的床单）似乎不是一个好选择，因为弹性下摆不能让床单铺平。但是，当需要把床单绷在几把椅子或其他家具之间时，弹性下摆实际上可能有助于床单固定。

毯子比床单重。它们呈现了另一个工程方面的挑战。

椅子和小桌子可以用来支撑布料，从而形成顶部。给儿童提供晾衣夹、长尾夹、绳子或线会增加更多的设计和建构选择。其他的可选材料还有围巾、雨伞和呼啦圈。

刺激和邀请

把一张单人床单铺在一张小桌子上，不仅搭建了一个吸引人的遮蔽物，而且激发了儿童对帐篷概念的进一步探索。邀请儿童爬到桌子下面，进入小帐篷。问儿童开放式的问题以了解他们关于帐篷、堡垒、庇护所和躲藏的想法与好奇心，例如："你喜欢这个小帐篷的什么？我们怎样才能把它搭得更大？你认为我们怎样才能把它弄得更好？"

另一种刺激是给孩子们一张床单，问他们："我们如何用它来做帐篷？我们还需要什么？我们如何建造？"

考虑因素

用你现有的材料和空间来支持儿童的想法。鼓励他们进行创造性的思考。可以用七尾夹将床单的一边固定在窗台上，将另一边搭在几把椅子上。

预测建构过程中可能会出现的问题，引导儿童主动解决问题。例如，如果床单总是从一把圆椅子的靠背上滑下来，那么你可以说："我看到床单总是滑到这里。我们该如何固定它呢？"向儿童展示一些可选的工具，如胶带或夹子，看看他们想尝试哪一个。

帐篷的顶可能在某个时候会塌下来。当儿童在帐篷里玩耍时就会发生这种情况，使得篷顶或侧面被推挤和移位。这是另一个宝贵的教育契机。你可以引导一次关于解决疑难问题的谈话活动，让孩子们找出导致问题的可能性原因，通过头脑风暴讨论可能的解决方案，然后选择一种可行的策略来尝试。

核心概念和开放式问题

当儿童在帐篷里搭建和游戏时，你可以问一些问题，帮助他们注意帐篷结构的建筑特征和设计元素。

"帐篷和普通房子有什么不同？"

"你喜欢在帐篷里做什么？在帐篷里感觉如何？"

"当你在帐篷里时，你看到了什么？里面黑吗？为什么帐篷里很黑？"

"你如何进出帐篷？你需要门吗？"

项目拓展

对于那些痴迷于独特的建构技术的小建筑师，教师可以向他们介绍短程线圆顶结构。短程线圆顶是一种圆形的、轻巧的结构，由许多三角形和其他形状的部件组成。与传统帐篷的设计一样，短程线圆顶有一个支撑框架和外部覆盖层（建筑师称其为建筑物的"皮肤"）。

许多游乐场都有圆形的攀爬结构，形状就像短程线圆顶（见图3-4）。当你们一起探索这个圆顶时，你可以问一些开放式问题，例如："这和我们在课堂上做的帐篷相比如何呢？它们有什么不同之处？""你需要建造或添加什么来让它更像帐篷或房子？"

第三章　现成物品和可回收材料　｜　63

图3-4

许多学校和公共游乐场都有无覆盖层的短程线圆顶结构的攀爬架。

对于年龄大一点的幼儿和学前班儿童，教师也可以鼓励他们用可回收的或可重新利用的材料（如卷起来的报纸或吸管）来建造缩小版的短程线圆顶。你可以在网上找到很多有用的指南和视频。这是一项具有挑战性的活动，也是非常值得儿童付出努力的活动，儿童可能需要教师或家长的支持。

项目9
用可回收塑料做的社区

你的可回收箱里现在有什么？你可能有很多塑料做的瓶子和食品容器。这些塑料制品可以被重新用作儿童创作所需的建构材料。

各种形状和大小的可回收塑料比较适合用来设计微型城市景观。在桌面上放一大张纸或硬纸板，邀请儿童帮你画出一排排的街道和十字路口。当儿童绘制完社区时，教师就可以鼓励儿童借助胶带和装饰物把可回收材料变成街道上的房屋、商店和其他建筑物。

材料

在这项活动中,你需要收集各种各样的干净的塑料容器,并且可能需要做一些准备工作来收集和清洗容器。

你还需要一些儿童可以使用的能够把容器粘在一起的材料。将塑料粘在一起很困难,因为它的表面很光滑。美纹纸胶带的效果很好,但是幼儿往往很难把胶带从卷轴上撕下来。因此,你可能需要使用自动售货机中的美纹纸胶带,或者为儿童提供预先切割过的、轻轻粘在桌子边上的胶带。你可能还需要给儿童演示如何用胶带将两个塑料物品连接在一起。

一大张纸或硬纸板或许很适合做你的社区网格。你需要用记号笔画出街道。此外,您可能还需要提供彩色美术纸、贴纸和其他拼贴材料来装饰容器或添加诸如门窗之类的建筑特征。

刺激和邀请

一个简单的刺激是收集可回收塑料并将它们与胶带一起放在活动桌上。通过提问来邀请儿童进行建构:"你能用这些塑料容器做什么?这些形状有没有让你想起房屋?你认为我们能建造社区的房屋吗?"

另一个想法是把可回收材料放在积木区。儿童自然会把积木区等同于建造、建构和建筑区。儿童在熟悉的地方看到新奇的材料可能会产生令人兴奋的想法。准备好一些美纹纸胶带,以便儿童在有兴趣的时候将可回收材料粘在一起。他们也可能会受到启发,以创新的组合方式将可回收材料纳入他们搭建的积木结构中。

考虑因素

儿童可能会立即开始使用可回收材料进行搭建,或者他们可能需要一些帮助和支持来重新构思和利用这些材料。用塑料容器进行建造的最容易的方法是简单的堆叠。带盖的酸奶盒尤其适合用来堆叠高楼。

每个容器也可以是单独的建筑物。鼓励儿童把这些容器装饰成家可能有助于使这种改变更加彻底。教师可以问儿童:"如果这是一座小房子,你会把门设置在哪里?你会把窗户设置在哪里?"根据需要为儿童提供记号笔、胶带和彩色美术纸。

核心概念和开放式问题

当儿童思考如何用塑料容器建造家园和社区时,激发他们想法的问题和建议会使其受益。

"你能用塑料做房子吗?你会怎么做?"

"你会怎么做墙?你会怎么做屋顶?"

"这个塑料容器在你看来是什么样子的?它看起来像是建筑物还是像建筑物的一部分?"

"如果你住在这座房子里,你的社区会是什么样子的?你的街道会是什么样子的?谁可能住在附近?"

"你如何把这些塑料房子变成一个社区?哪些建筑属于同一个社区?你还需要什么来建立一个社区?"

项目拓展

大多数塑料容器(如水瓶)都是圆柱形的。这些容器的圆形侧面带来了工程上的挑战,很难像积木一样堆叠起来。

因此,一些小建筑师可能会喜欢在他们的塑料可回收建筑项目中加入硬纸板。例如,水瓶或酸奶盒可以作为扁平纸板做的"楼层"之间的支柱。混合材料的使用为设计创造了新的可能性(有时是字面意义上的)。

第四章

木 材

我们大多数人都熟悉木材。人类用木材进行建造的考古证据可以追溯到1万年前。现如今，木材仍然是一种受欢迎的材料，作为一种环保的可再生资源，具有很高的价值。你家里或工作场所中可能有木制家具。你现在可能正坐在木制品上。我们的许多房屋和学校中至少有一部分是用木材建造的。

儿童从很小的时候就开始明白，木材来自树木，是一种重要的建筑材料。他们能认出由木材制成的实物。这些实物是我们每天都使用的，而且能用较长的时间。

正如第一章中提到的，木材是制作单元积木的理想材料。木质单元积木比较轻，儿童拿得动，但也不至于轻到没法进行搭建。被砂纸打磨过的木材的颜色和光滑的纹理使积木建构成为一件令人愉悦的事情。

除了单元积木以外，木材也是其他形式的建构和建筑游戏的绝佳材料（见图4-1）。作为童年生活的主要搭建材料，林肯积木（Lincoln Logs）已经有100多年的历史，凯瓦积木（KEVA planks）在今天也很流行。一种更自然的方式是，儿童可以从外面收集树枝来进行搭建。

在本章的三个项目中，其中两个是基础的建筑活动，需要用到木制建构玩具和一些碎片。第三个项目让我们更深入了一步，了解木工工作和木工工艺不可或缺的重要工具。

简单的木工项目可以让儿童更加享受木材带来的乐趣。教儿童使用木

图4-1

木材非常适合各种建构和建筑游戏。

材对教师和儿童来说是一种令人满意的、充满力量的体验。当儿童有机会使用锤子、手钻和螺丝刀等真正的工具时,他们会感到受尊重和重视。即使是我们这些木工经验有限的人,也会熟悉新打磨的木材的气味。当我们锯和打磨木材,或者在木材上钉钉子或拧螺丝时,我们会享受这种更加丰富的声音、视觉和气味的感官体验。

然而,如果操作不当,那么加工木材和使用真正的工具可能就会比较危险。这其中包含的风险操作让很多儿童感到兴奋,也让很多教师和家长感到恐惧。因此,正如我们将在本章最后所讨论的那样,制定并遵守明确的安全准则是整个过程的重要部分。

一、21世纪的木工

长期以来,木工似乎被视为只有某些人才能掌握甚至探索的工艺。例如,20世纪中叶出版的书籍和杂志里有关木工的图片通常都是穿着格子衬衫的郊区男子在地下室制作书架的场景。近年来,木工已经进入许多新领域,包括幼儿教育领域(见图4-2)。

这种文化转变是创客运动(maker movement)的一部分。这场运动背后

图4-2

只要稍加研究和实践,任何幼儿教育工作者就都可以成功地开展木工项目。

的核心理念之一是"我们都是创造者"的全纳思想(Dougherty,2012)。所有年龄、能力、性别和文化的人都可以而且应该被鼓励学习建造、发明、设计和创造,包括使用木材。2005年美国《创造》(*Make*[1])杂志创立,并在全球范围内建立了一个创客博览会(Maker Faires)网络。

虽然创客运动最初只有成年爱好者参与,但是许多学校和教室创建了"创客空间(makerspaces)"。在这些工作空间中,儿童可以学习如何使用真实的工具,以及构思和设计任何他们想制作的创意作品,并且在这一过程中学习有价值的 STEM 技能。即使是年幼的儿童也可以通过尝试木工活动来获取这一运动的精神。

幼儿教育家皮特·穆尔豪斯(Pete Moorhouse)在《无法抗拒的学习——早期教育中的木工》(*Irresistible Learning: Woodwork in Early Childhood Education*)一文中指出了21世纪的学习者需要掌握木工技能的另一个重要原因。他提出,木工活动可以让孩子们从日益增多的屏幕时间和数字设备中解脱出来。穆尔豪斯写道:"木工可以被看作数字活动的绝佳

---

[1] 该杂志介绍各种日常生活中的创意手工制作项目,内容涉及电子、机械、工具、户外、家庭、音乐等方面。——译者注

替代品，它让儿童使用真实的工具和材料。木工还为儿童提供了制作和修理的体验，而不是我们盛行的消费和处理文化。"（Pete Moorhouse，2018a）

二、向儿童介绍木工

盖尔·吉本斯（Gail Gibbons）的经典图画书《如何建造一栋房子》（*How a House Is Built*，1990）是与儿童谈论木材的重要性的第一有用资源。书里的插图详细地展示了建造木结构房屋的步骤。

此外，你可能希望参观一个正在建造木结构建筑的实际场地，可以把这个场地作为进行实地考察或社区散步的目的地以激发儿童的兴趣。在这里，儿童将开始看到他们在教室里的木材项目如何与建筑环境中的真实项目相关联。

要为木工项目做好准备，你还需要向儿童介绍工具。我特别喜欢使用蒙台梭利螺栓板（Montessori bolt boards），这是比较安全和容易实现的开启木工项目的方式。这些光滑的木板上切出了放工具（扳手或螺丝刀）的槽，旁边是一排不同尺寸的地脚螺丝钉。这些螺丝钉与配对的螺栓或螺母一起被稳稳地固定在木板上，儿童可以用工具来进行操作。

虽然我没有参加过蒙台梭利教师培训，但我很重视蒙台梭利螺栓板和许多其他的蒙台梭利教学材料。尽管这些材料只是蒙台梭利教室里生活课程的一部分，但它们也可以作为操作工具或假装游戏中的道具在非蒙台梭利教室里使用。

为儿童的木工活动做准备的另一个步骤是筹备适合儿童使用的工作台（见图4-3）。用夹子或钳子将一块木头固定在适当的高度，以便确保儿童在进行锯或钻孔等操作时的安全。另一种必不可少也不贵的设备是护目镜。无论是成年人还是儿童，在使用木材和工具工作时都应该佩戴护目镜以保护眼睛。

图4-3

一旦儿童学会了如何安全使用工具,教室的木工区就可以全天开放。

当然,如果没有木材,那么你就没办法介绍木工活动。当我第一次开发木工课程时,从家装店和当地的木材店获取了一些免费的木材废料。然而,我惊讶地发现,许多太硬的碎木片是不合适的。儿童力气不够,即使是在最简单的木工项目中也很难钉上钉子或钻孔。

因此,在儿童第一次体验木工活动前,教师有时候有必要购买一些非常软的木材,而不是使用别人赠送的废料。举例来说,槭木和樱桃木很硬,而松木和雪松木则软得多。

三、安全第一

如果你选择教儿童使用真正的木工工具,那么必须把安全放在首位。这是直接指导有必要且适宜的少数情况之一。对新工具的介绍应该一对一地进行,而不是分组,并且成人需要密切监督儿童使用新工具的情况。你可能需要再请几名教师或志愿者来进行必要的一对一监督。

对所有的成人（包括教师和志愿者）来说，提前知道哪些儿童最需要帮助很重要。我还发现，制定一个工具清单来记录哪些孩子已经掌握了使用每种工具的正确方法很有帮助。

确保安全的另一个重要步骤是确保教室内没有无人看管的工具和钉子等尖锐物品。因此，在整理完工具后，成人一定要打扫地板并彻底检查活动区域。

项目10

小木屋

林肯积木在20世纪50年代和60年代是非常受欢迎的玩具，现在仍然可以买到。这些可以互锁的、有凹口的木质积木以交替模式成直角地组合在一起，使它们完美地构成了小木屋的墙壁和框架。

这些建构玩具有着有趣的历史。它们是由美国著名建筑师弗兰克·劳埃德·赖特的儿子约翰·劳埃德·赖特（John Lloyd Wright）发明的。约翰和父亲一起前往东京去监督他父亲设计的帝国酒店（the Imperial Hotel）的施工，之后他受到启发发明了林肯积木。

帝国酒店的建造采用了浮动悬臂施工技术。这有助于保护建筑免受地震的破坏。这栋建筑中的重叠和互锁横梁启发了约翰发明林肯积木。他选择把木材作为这套玩具的主要材料，认为木材是"所有材料中与人最亲近的材料"（Sweet n.d.）。从1918年开始，很多家庭购买了这套玩具。

材料

用林肯积木搭建小木屋不需要任何特殊的木工工具，你只需要一套林肯积木（见图4-4）。

除此以外，你也可以使用大小和长度比较均匀的、又粗又直的小树枝

第四章　木材　│　73

图4-4

林肯积木的形状适合组合在一起作为小木屋的互锁横梁。

（20～25厘米是理想的长度）。你可能至少需要24根小树枝来建造一个漂亮的小屋框架。你如果和儿童一起收集小树枝，那么可以先找一根合适的作为标准，然后让孩子们帮你找到和它一样的小树枝。在游戏之前，要去除树枝上所有的叶子或茎，修剪掉所有的尖头。你也可以让儿童参与这个过程。

像凯瓦积木这样的板块积木也很合适。你甚至可能希望使用另一款经典玩具的积木片：叠叠乐积木（Jenga）。要玩叠叠乐，首先要搭建一座由54块木质积木交替层叠而成的塔，这与林肯积木的重叠梁类似。然后玩家每次轮流拆掉一块积木，直到塔倒塌。大多数学前儿童还不具备玩叠叠乐游戏的灵巧性和小肌肉动作技能，但他们可以使用叠叠乐积木和交替搭建技术建造"小木屋"。

刺激和邀请

教师可以准备一段墙或栅栏来展示重叠、交替的技术，以作为刺激物。将搭好的建筑物和林肯积木一起放在显眼的地方。向儿童展示这些积木片是如何组合在一起的,这样他们就会明白如何使用这些材料。邀请儿童通过模仿同样的技术或创造自己的建构方法来建造自己的建筑(见图4-5)。

图4-5

这间木屋的建造技术与儿童用林肯积木进行搭建的方法相似。

真实的木屋图片也可以作为一种刺激或灵感。教师可以从网上找到木屋的照片,甚至是建筑平面图。如果有可能,找一些有创意的木屋,而不只是简单的四面墙的方形建筑,从而扩展儿童的想象力。

你可能也希望获得关于小木屋的建筑方面的图书。有两本书值得推荐:戴维和珍妮·斯泰尔斯(David & Jeanie Stiles)的《木屋——建造自己的自然疗养地指南》(*Cabins: A Guide to Building Your Own Nature Retreat*,2001)和戴尔·马尔芬格(Dale Mulfinger)的《家庭小屋——营地、农舍和小木屋的灵感来源》(*The Family Cabin: Inspiration for Camps, Cottage, and Cabins*,2017)。

考虑因素

一些儿童会直接参加这项活动,想用交替模式建造小木屋。不过,其他儿童可能对林肯积木不熟悉,或者他们可能需要使用交替技术方面的帮助。提供一点指导和示范会使他们朝着正确的方向前进。

如果需要，教师可以让儿童先用板块积木或普通的小树枝练习交替模式，这可能更容易操作。一旦他们熟悉了建造方法，教师就可以请他们尝试用林肯积木来搭建，帮助他们发现通过排列好凹口以使积木能够锁定在一起的方法。

核心概念和开放式问题

当儿童练习以交替模式叠放积木时，你可以问一些问题，以引起他们对建造木屋所涉及的工程挑战的注意。

"用林肯积木建造和用其他积木建造有什么不同？"

"你将如何为你的小木屋建一个屋顶和一扇门？"

"你如何做窗户？"

"你的小木屋有多大？"

"谁住在这间小木屋里？他们在哪里睡觉和吃饭？"

"有些人用木头建造真正的房子。你认为他们是怎么做到的？你认为他们会做些什么来确保木头紧密地结合在一起？"

项目拓展

当儿童建造他们的小木屋时，他们可能会注意到这种建筑技术使积木之间留有空隙。在真实的建筑中，木头之间的空隙被称为缝隙（chink），用来填补空隙的材料也被称为缝隙（chink）。

教师可以问儿童："我们如何处理这个空隙？我们如何才能让小木屋更坚固呢？"一些儿童可能会想到用黏土或橡皮泥来填补空隙。

项目11

"毛糙的"房子

"毛糙（slapdash）"一词的意思是做某事迅速，也可能是粗心地做某事。这里我们用这个词来描述用胶水建造并用颜料装饰的木头房子。从另一个角度来说，"slap"是胶水，"dash"是颜料。

这项活动主要面向那些渴望使用木材，但可能还没有使用（或接触）锤子、钉子和其他工具的经验的儿童。儿童对用木材建造房屋的兴趣通常在平时的积木游戏中产生。当儿童努力搭建积木并对结果感到满意时，他们自然会想保留他们制作的东西。（尤其是在整理时间！）当产生这些对话时，你可以开展这个活动，把它作为一种用碎木片建造更稳固且能长期保存的东西的方式。许多儿童会为这个建议而激动不已，并期待着这个机会。

材料

这个项目最重要的材料是各种形状和大小的碎木片。要确保打磨所有木片的粗糙的边缘，以防止尖锐的碎片对儿童造成伤害。

你可能需要根据可用的碎木片的数量来确定每个儿童在创作中可以使用多少碎木片。每个儿童选择4~6块碎木片比较合适。

你还需要木材胶或普通的白胶水（在学校用的胶水）。木材胶虽然黏合牢固，但不可水洗并且可能会弄脏衣服。如果你使用木材胶，那么一定要让儿童穿工作服。普通的白胶水比较适合用于小而轻的木片。

在装饰阶段，你需要提供蛋彩画颜料（或丙烯颜料）和毛刷。同样，如果颜料不易被清洗，那么儿童应该穿工作服。

刺激和邀请

教师可以在积木区投放各种碎木片，鼓励儿童进行开放式游戏以作为一项预热活动。让儿童知道，他们很快就会有机会用这些碎木片制作自己的永久性建筑，但是目前他们只是在尝试不同的组装方式。在使用胶水和颜料之前进行这种预演性的建构练习和游戏会让儿童更有目的地、更成功地建造他们的毛糙房屋。

考虑因素

一些儿童可能想要建造房屋和建筑物，而另一些儿童可能会选择建造形式更自由的结构和艺术作品。当儿童使用各种碎木片进行自由创作时，自然就会出现多样的作品。

请记住，这不是一个短期项目。将木材黏合和晾干的过程可能需要几天时间。在胶水晾干的过程中，儿童可能需要用夹子或胶带来固定一些用胶水黏合的部件。这些挑战对儿童来说是美妙的学习经历，儿童需要反复尝试。

当作品完全组装好，所有的部件都到位，且胶水干了之后，儿童才能开始绘画。在做好的木质结构上添加颜料就像在蛋糕上添加糖霜一样！

核心概念和开放式问题

在儿童组装和黏合他们的作品时，可以问如下问题，让他们注意到木材的特性以及碎木片的形状和大小。

"告诉我你正在做什么。你是如何决定要做什么的？"

"你选了哪些木片？为什么选这些木片？"

"你喜欢用木材建造什么？"

项目拓展

通过这个项目，儿童将观察并了解到，用胶水黏合并不是把木材拼在一起的最牢固的方式。这种经验可能会让儿童对使用真正的工具（如锤子和钉子）把木材组装在一起产生兴趣。

项目12
以洞为家

小的生物住在小房子里。这在自然界和虚构的世界中是符合事实的。小蚂蚁住在沙子和泥土深处的小洞穴里；小猫头鹰住在树洞里。玛丽·诺顿（Mary Norton）的系列丛书中虚构的小人儿（"借东西的人"）住在"大人"的房子里地板下的小空间里。

以洞为家的探索可以包括很多方面的内容，比如练习使用真实木工工具的机会。这里将向孩子们介绍手摇钻。

教儿童使用真正的钻头在木头上打洞，这听起来可能是一项困难而危险的任务，那是因为我们大多数人只熟悉电钻。但是，在适当的监督下，3岁的儿童也可以安全地使用手动的手摇钻。

材料

手动手摇钻有时被称为"打蛋器"钻。它的工作原理和打蛋器没什么两样，就是转动曲柄来移动末端的一个螺旋钻头。

你还需要一大块废木料。如前所述，较软的木材是较好的可用材料。将这块废木料固定在工作台上，将其作为你的钻孔面板。

你可能希望让儿童直接到室外的树桩上钻洞，或者在室内的木头"饼干"上钻洞，这样比较简单。木头饼干是树的横截面切片，它应是比较重、厚且安全的。

刺激和邀请

分享故事可能是一个激发儿童探索以洞为家的好方法。布丽塔·特肯特鲁普（Britta Tekentrup）的《猫和老鼠》（*Cat & Mouse*, 2019）就是一个受欢迎的图画书的例子，书中的动物或其他个头较小的角色生活在墙上或树上的洞里。其他的相关图书还有马丁·瓦德尔（Martin Wadell）的《猫头鹰宝宝》（*Owl Babies*, 2002）和利奥·利昂尼（Leo Lionni）的《弗雷德里克》（*Frederick*, 1967）。

你可能希望让儿童分享他们关于生活在小洞穴里的生物的直接经验，比如在人行道缝隙中发现了生活在山里的蚂蚁。邀请儿童去室内或室外"寻洞"，寻找微小生物实际或想象中居住的小空间。

你也可以通过公开邀请儿童创造各种各样的洞穴的方式来激发孩子们的灵感，儿童可以使用你提供的所有材料和物品。例如，你可以鼓励儿童用勺子或铲子在沙里挖洞，或者用铅笔或编织针在纸上或泡沫上戳洞。这些都是使用木材和手钻前的很好的热身活动。

考虑因素

正如本章中一直强调的，在使用真正的工具时安全第一。教育儿童，让他们知道任何要做木材加工活动的人都应该先佩戴好护目镜。接下来，一对一向儿童演示如何使用手摇钻，注意向儿童展示手放在什么地方、如何平衡手摇钻和转动手柄。

你可能希望在活动前，通过在木材上预先钻些小的浅孔来创建先导孔。这将给开始钻孔的儿童提供一个钻孔点，便于他们在转动手柄前平衡钻头，从而更准确地钻孔。

核心概念和开放式问题

当儿童在使用手摇钻时，让他们专注于任务很重要。但是，一旦儿童完成了任务，或者当他们观察其他儿童使用手摇钻时，你可以问一些问题，让他们注意工具是如何工作的，以及工具改变木材的方式。

"手摇钻的哪些部分静止不动？哪些部分在动？"

"使用手摇钻有什么困难或可怕的地方？"

"使用手摇钻有什么有趣和简单的地方？"

"当钻头移动和转动时，木材会发生什么变化？"

"木材现在看起来有变化吗？闻起来和之前的气味一样吗？"

"你喜欢用木材做什么？"

"你钻了什么样的洞？"

"这个洞能做'家'吗？为什么？"

项目拓展

关于以洞为家的讨论可能会引起儿童对洞穴的概念和生活在其中的动物的兴趣。由迈克尔·罗森（Michael Rosen）撰文、海伦·奥克森伯里（Helen Oxenbury）绘图的经典图画书《我们要去猎熊》（*We're Going on a Bear Hunt*, 2003）讲述了一个家庭在洞穴里发现了一只熊的故事。诸如珍妮弗·西兹曼斯基（Jennifer Syzmanski）的《关于熊的一切》（*All about Bears*, 2019）之类的非虚构图书，可以提供有关熊的生活环境的准确知识。儿童可能喜欢在沙箱或泥土堆里为玩具动物挖小洞穴。

使用手摇钻可能会引起儿童使用其他工具（如锤子、螺丝刀和锯子）的兴趣。根据我与儿童相处的经验，他们最渴望使用的工具是锤子。大多数学前儿童都见过他人使用锤子，他们通常了解锤子的用途和功能。每个人，尤其是儿童，似乎都喜欢用锤子敲打东西。关键是要确保儿童学会安全地使用锤子和其他工具。

当然,这些对木工的简单尝试可能会激发儿童从事更具挑战性的项目(见图4-6)。不过,请记住,幼儿需要定期练习来增强建造盒子或鸟舍的技能。关于指导资料,我推荐帕特西·斯肯(Patsy Skeen)和安妮塔·加纳(Anita Garner)的经典作品《幼儿木工》(*Woodworking for Young Children*,1984)或皮特·穆尔豪斯(Pete Moorhouse,2018b)的《从木工中学习》(*Learning through Woodwork*)。

图4-6

用木材进行游戏和建造是一项很棒的户外活动。

第二部分　探索

第五章

建筑故事

有着精美插图的图画书可以启发儿童和成人从新的视角看待世界。当这本书是关于建筑的图画书时，尤其如此。大声将故事读给儿童听，并分享精美的插图，这是培养儿童的创造力和对建筑的兴趣的重要内容。一旦你从建筑的角度来看儿童图画书，你会发现到处都是灵感。

让我们从经典图画书开始。从苏斯（Seuss）博士在《洛拉克斯》（*Lorax*，1971）中开篇描绘的文斯勒（Once-ler）居住的摇摇欲坠、高高耸立的家园，到克罗基特·约翰逊（Crockett Johnson）的《哈罗德和紫色蜡笔》（*Harold and the Purple Crayon*，1955）一书中的窗户之城，儿童经典读物中不乏各种迷人的建筑结构。

儿童经典读物中流传最广的建筑实例之一是理查德·斯卡里（Richard Scarry）对布西镇（Busytown）的详细图解，好几本书中都对此有所介绍，如《人们每天在做什么？》（*What Do People Do All Day?*，2015）（见图5-1）、《有史以来最好的文字书》（*Best Word Book Ever*，1999）和《汽车、货车和其他能动的东西》（*Cars and Trucks and Things That Go*，1998）。建筑学专业的学生会看得出，布西镇市政厅和汽车商店以独特的都铎（Tudor）晚期的建筑风格建造，这一点可以从浅色灰泥上的暗光图案中看出来。布西镇牙医诊所位于一栋带有西班牙布道院风格的黏土瓦屋顶的建筑内。但并非所有的布西镇建筑都采用传统的建筑风格（见图5-2）。有趣而又合时宜的是，修鞋店位于一栋形状像鞋子的建筑中！

图 5-1

理查德·斯卡里的经典图画书中有各种各样有趣的建筑的插图。

图 5-2

有些建筑,比如这座灯塔,似乎已经准备好告诉你一个故事。

从这些图画书来看，儿童读物可以给建构中的幼儿提供很多启发和灵感。让我们来探索如何使建筑故事在课堂上变得栩栩如生。

一、小说工程

由塔夫茨大学（Tufts University）工程教育推广中心（the University Center for Engineering Education Outreach）开发的小说工程是一种基于读写能力的、教授与工程相关的 STEM 技能的教学法。在这种教学法中，教育者使用文本（如儿童文学作品）来启发儿童对工程项目的灵感。例如，读《绿野仙踪》（*The Wizard of Oz*）的小学生可能会创建一个通往翡翠城（Emerald City）的黄砖路的修砌项目。这种综合性的学习加深了儿童对文本的理解，同时也培养了其与工程相关的 STEM 技能。

在幼儿期，大声朗读图画书可以为儿童提供完成小说工程项目的灵感。特别是，图画书可以引发与房屋和建筑相关的项目。例如，众所周知的三只小猪和大灰狼的故事为儿童提供了好几个（确切地说是三个）把故事从书本中拿出来开展工程项目的机会。儿童可以建造稻草屋、树枝屋和砖块屋的模型。然后，他们可以用风扇或吹风机来表现大灰狼的怒气和呼气，以测试和比较这三种房屋的韧性。

二、刺激

无论你称之为"小说工程"还是"图画书刺激"，儿童文学作品通常都会激发与建筑相关的创意和探索。明显涉及建筑和建筑师的好图画书不多。主要有以下几本。

《建筑师伊基·佩克》（*Iggy Peck, Architect*，Andrea Beaty，2007）

《如何建造一栋房子》（*How a House Is Built*，Gail Gibbons，1990）

《如果我建了一栋房子》(*If I Built a House*，Chris Van Dusen，2012)

《数十亿块砖》(*Billions of Bricks*，Kurt Cyrus，2016)

《盖房子》(*Building a House*，Byron Barton，1990)

《窗》(*Windows*，Julia Denos，2017)

即使故事本身与建筑无关，图画书也可以引导建构项目。我最喜欢的一个例子是莫·威廉(Mo Willem)的图画书《古纳什小兔》(*Knuffle Bunny*，2004)。书中的插图巧妙地把现实主义黑白背景图片和体现威廉独特的动画风格的主要人物融合在一起。这些图片描绘了美丽的城市景观，即布鲁克林区公园坡社区的人行道和前门廊。

《古纳什小兔》的故事主题与建筑无关，而是和一个丢失的玩具有关，这个玩具被主人不小心落在自助洗衣店了。书中的照片让我们很容易想象故事的背景，故事围绕两个不同的地方展开：小女孩特丽克西和家人一起居住的家，以及特里克西和爸爸去洗过衣服的自助洗衣店。书里给出了在这两个地点之间走动的具体方向："沿着街区，穿过公园，经过学校。"

《古纳什小兔》一书中令人愉快的故事非常适合一个小型的小说工程项目。许多儿童将会受到启发去尝试用积木建造特里克西的公园坡社区，包括特里克西的房子、人行道、公园、学校和自助洗衣店。这只是一个看似简单的图画书如何引导儿童探索建筑世界和我们的建筑环境的例子。

三、书的建筑学

一本书的物理结构包含了建筑学的知识——书脊、装订、封面和书页的构造。将一本书的结构与一栋建筑进行比较和对比，这本身就是孩子们需要探索的内容。

此外，立体书(Pop-up Books)和翻盖书(Lift-the-Flap Books)都有展

示创造性纸张工程学的特殊的互动细节。还有一些图书有透明的封面，让我们可以了解这本书里面的内容。下面这些特别的书里有一些专门介绍建筑概念的内容。

立体书

《建筑立体书》(The Architecture Pop-Up Book，Anton Radevsky，2009)

《城堡：中世纪与骑士》(Castle: Medieval Days and Knights，Kyle Olmon，2006)

《纽约立体书》(Pop-Up New York，Andy Mansfield，2016)

《立体手工书》(Popville，Anouck Boisrobert and Louis Rigaud，2010)

翻盖书

《各种各样的家》(All Kinds of Homes，Emma Damon，2005)

《开放的房子》(Open House，Steve Noon，1996)

《很久以前的房子》(See Inside Houses Long Ago，Rob Jones，2010)

透明封面的书

《神奇的颜色》(Magic Colors，Patrick George，2013)

《城堡》(Castles，Gallemard Jeunesse et al.，1993)

《恐龙》(Dinosaurs，Gallemard Jeunesse，1993)

《雨林》(The Rain Forest，Gallemard Jeunesse，1994)

《鸡蛋》(The Egg，Rene Mettler，2012)

项目13
弗吉尼娅·李·伯顿的小房子

弗吉尼娅·李·伯顿(Virginia Lee Burton，1978)撰文和绘制插图的《小房子》(The Little House)一书首次出版于1942年，但至今仍在印发，并且深受读者喜爱。故事讲述的是一栋在乡下建造的新房子。这栋小房子很多年来一直见证着周围的土地是如何建成道路和建筑物的。最后，这栋小房子完全被地铁和高楼包围了。当原主人的曾曾孙女认出这栋房子并将它搬到与最初所在地相似的一个偏远农村地区的新地方时，故事就圆满地结束了。

从很多方面来说，《小房子》是一本不同寻常的书。主角是一栋不会说话或行动的房子；它只是注视着自己周围的世界。这个故事记录了40年来科技的进步和城市的扩张。优雅、简单的文字和设计精美的插图以连小孩子都能理解的方式展示了时间的流逝。

《小房子》很适合用于小说工程项目。大声朗读给儿童听肯定会引发许多有趣的对话和开放式的探索。创建一个小房子的模型可以作为一个故事延伸项目，但插图和文字中暗含了许多其他的工程挑战：道路、其他建筑、交通系统等。

材料

这是一个开放式项目，意味着完成项目的方式不只有一种。受《小房子》启发的建构项目可以用本书中所描述的任何材料来建造，如积木和乐高块、现成的物品、可回收材料和木材。根据材料和孩子们参与项目的情况，你可能还希望提供装饰用的艺术用品。

刺激和邀请

除了阅读《小房子》，你可能还想带全班儿童去散步。儿童可能会从社区或学校周围的房屋等建筑中受到启发。如果可能，可以找一找插图中的结构体，比如铺砌的道路、路灯、公寓楼和高架火车（见图5-3）。

听了这个故事后，一些儿童会对把整栋房子从一个地方搬到另一个地方的想法感到好奇。在网上搜索卡车搬运房屋的真实图片。这些图片会激励一些儿童在玩具卡车或其他带轮子的玩具上建造房屋。

图5-3

将彩色积木与单元积木组合在一起,让这个小积木房屋看起来比较友好。

考虑因素

儿童自然会倾向于建造自己的小房子。只需一点提示,你就可以促使他们在房子周围创设一个包括以下内容的建筑环境。

- 道路。问儿童:"在故事中,道路是如何修建的?工人用到了什么样的设备和材料?"建议儿童尝试在沙箱、感官台或者户外的土壤或草地上修建类似的道路。
- 其他建筑。问儿童:"你还建造了哪些其他类型的建筑?它们是如何被建造的?它们比小房子大还是小?你是怎么知道的?"建议儿童尝试在小房子附近建造其他建筑物,就像故事中增加的建筑物一样。
- 手推车、火车和地铁。邀请儿童学习手推车、高架火车和地铁的插图。建议儿童也尝试修建地铁和道路。
- 照明。在故事中,小房子注意到了来自月亮和星星的光与来自路灯和建筑物的光之间的区别。邀请儿童在他们的建构项目中使用手电筒、电池供电的茶灯、灯串或LED[1]灯，以创造不同的灯光效果。

核心概念和开放式问题

当儿童在《小房子》的启发下开展建构项目时，你可以问一些问题，让他们注意到故事中展示的建筑元素和工程概念。

"小房子的各组成部分和特点是什么？它有多少扇窗户？它有什么样的屋顶？"

"你觉得小房子的内部看起来像什么？你觉得它有多少个房间？它们是什么类型的房间？"

"谁会住在这样的小房子里？他们会在这里做什么？他们需要什么样的家具？"

"如果你写了一本关于这栋小房子的故事书，它将如何开始？还会发生什么？"

项目拓展

弗吉尼娅·李·伯顿的故事赋予了小房子一种个性和视角。我们关心这座小房子，关心它会发生什么，就好像它是一个人一样。这个故事可能会在儿童之间引发一些关于房子是否是活的和是否有感情的对话。邀请儿童就他们熟悉的建筑物创作自己的故事。

---

[1] 是英文"Light-Emitting Diode"的缩写，中文为"发光二极管"；是一种能够将电能转化为可见光的固态的半导体器件。它可以直接把电转化为光。——译者注

项目14
鸟瞰视角

当儿童在地板上用积木搭建,然后站在他们搭成的作品上方俯视这些作品时,他们能够从鸟瞰的角度看到自己的建筑物。这是一个看真实的、与实物一样大小的建筑时很少看到的视角。对于儿童来说,这是一个让他们反思自己搭建的建筑物的特点(形状、大小,以及与其他建筑的关系)的好机会。来自上面的视角也类似于创建地图或蓝图所需要的视角,我们将在下一章中讨论这个主题。

唐·伊·希恩(Dong Il Sheen)的《黄雨伞》(*Yellow Umbrella*, 2002)是一本无字图画书,书中优美地展示了鸟瞰视角。杰伊苏·柳(Jae-Soo Liu)绘制的插图描绘了一个孩子打着一把黄雨伞步行上学的过程。这些插图采用了从云层往下看的角度。在儿童"阅读"插图的同时,教师还可以播放一段既有音乐又有音响效果的可爱风格的配乐。

为了让这个故事生动起来,教师可以邀请儿童在他们的建筑项目中加入小纸伞(用来装饰热带鸡尾酒的那种)。无论孩子们建造房屋、摩天大楼还是其他建筑,这些雨伞都可以提醒他们从鸟瞰的角度来观察自己的项目。

刺激和邀请

《黄雨伞》本身就是一个很好的刺激物。与全班儿童分享这本书后,你可以让他们注意放在积木区或活动桌上的一排纸伞(见图5-4)。

材料

由于这是另一个开放式项目,因此,儿童可以用积木和乐高块、现成物品、回收材料、木材或其他建构材料来建造。儿童可能希望在他们的建

图5-4

从上面看,这些小纸伞看起来像《黄雨伞》中的插图。

筑中添加一些玩具人偶。

此外,你还可以提供用于装饰鸡尾酒的小纸伞(可从厨房或派对用品商店购买)。你可能需要提前为儿童打开小伞;它们可能非常脆弱。你也可以用少量黏土来支撑建筑项目中的小伞。

考虑因素

因为《黄雨伞》是一本没有文字的图画书,所以在儿童观看插图时,教师可以请儿童谈一谈他们看到了什么。有些儿童一开始可能不理解透视。教师可以问一些开放性的问题,比如:"你看到了什么?""你认为这里发生了什么?"当儿童能够说出他们观察到的内容(比如"他们正在走下楼梯")时,教师可以通过问"你是怎么知道的?"来请儿童解释他们的想法。不同场合中的图画书的多种视图是有益于儿童的,因为儿童在每次阅读时可能会注意到一些新的东西。

核心概念和开放式问题

当儿童把纸伞融入他们的建构游戏中时,你可以问一些问题,让他们注意视角如何改变其所看到的事物的样子。

"你能用一把小纸伞做什么?"

"你能假装什么?"

"你能建造什么?"

"当你从上面看纸伞时,你看到了什么?"

"当你从侧面看纸伞时,你看到了什么?"

"你会如何建造一个看起来像我们在《黄雨伞》中看到的东西?"

"你能建一条街吗?怎么建?"

"你能建一个游乐场吗?怎么建?"

"你能建火车轨道或者楼梯吗?"

"试着站在你的建筑作品上方往下看。告诉我你看到了什么。"

项目拓展

如果你的学校与高楼邻近,那么你可以考虑把儿童带到楼上,让他们从窗户向外看,看看下面较小的建筑物、街道和人。如果可能,最好在下雨天这样做,因为这样儿童可能看到打着雨伞的人。

教师可以问儿童:"你看到了什么?从这里看到的景色与你在楼下的地面上看到的有什么不同?"拍照或邀请儿童画出他们看到的东西。稍后,将你的照片和画与《黄雨伞》中的图片进行比较。

找一找其他有鸟瞰视角插图的图画书。另一本很棒的书是吉恩霍·琼(Jin-Ho Jung)的《向上看!》(*Look Up!*, 2018)。你可能也开始注意到,许多你喜欢的图画书中都有一些鸟瞰视角的插图,比如罗伯特·麦克罗斯基(Robert McCloskey)的经典图画书《给小鸭子让路》(*Make Way for Ducklings*, 2016)中波士顿的图片。

项目15
山羊桥

"三只山羊（*Three Billy Goats Gruff*）"是一个著名的童话故事，包含了建筑方面的挑战。在这个故事中，三只山羊轮流穿过一座由巨魔守卫的桥。这座桥本身就是故事的主要背景，可以激发儿童的建筑灵感。

桥梁是标志性的建筑结构，也是典型的土木工程。一座桥必须足够坚固，才能够安全地帮行人跨过宽阔的空间、水面或者其他障碍物。坚固的桥梁必须是平衡和对称的。

材料

受"三只山羊"启发的桥梁建构项目可以使用本书中描述的任何材料建造：积木和乐高块、现成物品、可回收材料和木材。如果可能，给儿童提供可以充当山羊的小动物玩偶（见图5-5）。

图5-5

虽然任何玩具动物都可以扮演"三只山羊"的角色，但在这项活动中，儿童手上有一些山羊玩具比较好。

第五章　建筑故事 | 97

刺激和邀请

这个故事本身可以为儿童带来建造桥梁的灵感和刺激。表演故事，尤其是"咔嗒咔嗒"地过桥的片段，加深了儿童对故事和场景的理解与兴趣。以下是一些推荐给学龄前儿童的故事书版本。

《三只山羊》（*The Three Billy Goats Gruff*，Mary Finch，2001）

《三只山羊》（*The Three Billy Goats Gruff*，Paul Galdone，1981）

《三只山羊》（*The Three Billy Goats Gruff*，Rebecca Hu-Van Wright，2014）

考虑因素

如果某些小动物玩偶可以用来充当山羊，那么教师可以将这些玩偶作为"三只山羊"介绍给儿童，并邀请他们为山羊建造一座桥。桥要足够坚固，可以支撑最大山羊的重量。

建造一座坚固而平衡的桥通常需要反复试验。桥如果不够坚固或不足以容纳山羊，那么它就有可能倒塌。鼓励儿童用玩具表演故事的方式来测试他们的桥梁。如果桥倒了，那么教师可以向儿童解释这都是工程经验的一部分："你先测试这座桥是多么聪明啊。现在我们知道了，它必须更坚固、更大，才能支撑山羊。"

核心概念和开放式问题

当儿童建造桥梁时，你可以问一些问题，以引起他们对桥梁建筑和工程特征的注意。

"你将如何建造你的桥？"

"你将如何使它变得坚固？"

"你如何知道你的桥是否足够坚固，可以支撑山羊的重量？"

"你要造多高的桥？要造多长时间？"

"给我看看巨魔会藏在哪里。山羊会从哪里上桥?它们将去哪里?"

项目拓展

随着关于桥梁的对话和探索的进行,一些儿童可能会对寻找新方法来测试桥梁的坚固程度感兴趣。教师可以收集一些重的物体(如比较厚的图书),可以把它们放在桥上测试其坚固程度;让儿童估计他们的桥能支撑多少本比较重的图书,然后把图书放在桥上测试其坚固程度。如果桥断了,那么教师可以请儿童重新搭建,鼓励儿童找到使它更坚固的新方法。然后再测试一次!

第六章
地图和蓝图

随着数字技术的进步,作为学习者和物理世界的航行者,我们与地图的关系发生了变化。今天,我们使用全球定位系统和数字助手(如 Siri 和 Alexa)来帮助我们从一个地方到另一个地方。我们把手风琴般可折叠的路线图放在车里和在街角向陌生人问路的日子一去不复返了。

适度地让儿童接触用于导航的数字工具和人工智能并没什么坏处。然而,如果你能在虚拟体验和现实中有形的体验之间取得平衡,那么儿童在学习时将会发挥出更多的自主性和创造性。

即使在数字时代,儿童在学习确定生活世界的位置和方向时也需要纸质地图的阅读经验。他们需要的原因与儿童仍然需要纸质书来学习阅读的原因相同。为儿童提供绘制和阅读纸质蓝图的经验也很重要,这些图纸代表真实的建筑和结构(见图6-1)。

尽管我们的数字技术取得了进步,但是儿童仍需要有形的、现实的和感官的体验,以便学习和理解具有深度和复杂性的新概念。如果一本关于建筑和儿童的书中没有对地图和蓝图的讨论,那么这本书就是不完整的。本章将帮助你发现儿童在纸上获取关于建筑物和建构的认识的能力。

图6-1
幼儿才刚刚开始理解地图的概念,但是他们经常受到启发,创作出具有地图特征的图画。

一、地图的魔力

就个人而言,地图的艺术美一直吸引着我。当我还是个孩子的时候,我最喜欢的书是那些包含有故事背景的地图插图的书。在 A. A. 米尔恩的《小熊维尼》(*Winnie the Pooh*, 1988)的开头几页中,E. H. 谢泼德(E. H. Shephard)绘制了"40公顷森林"的地图插图,这让我特别着迷。另一个我特别喜欢的是朱尔斯·费弗(Jules Feiffer)的"智慧王国"地图,它被绘制在诺顿·贾斯特(Norton Juster)的《幻象天堂》(*The Phantom Tollbooth*, 1989)的扉页上。

通常,"绘画"和"地图"之间的区别只是一种视角。地图的一个基本特征是鸟瞰视角。正如第五章中讨论的那样,鸟瞰视角使我们能够以俯视的角度来认识某个物体。变换视角对儿童来说是一个挑战,但我们可以帮助他们学习。

儿童需要灵感和机会来画地图。我经常观察到,当儿童获得图纸时,他们通常会选择画建筑物、图案、线条和对称的图形。儿童的这些作品有的就是儿童设计的地图,有的是看起来像地图。为儿童提供一本高质量的儿童地图册，如亚历山德拉·米兹林斯卡和丹尼尔·米兹林斯基（Aleksandra Mizielinska & Daniel Mizielinski）创作的精美的《地图册》（*Maps*，2013），可能会激发一些具有创造性的绘画和有趣的课堂对话。

二、2D 蓝图，3D 建筑

蓝图是建筑物的制图或规划，本质上是建筑物的地图。蓝图（blueprint）中的"蓝（blue）"来源于使用感光纸复制技术制图的传统做法，因为感光纸在蓝色背景上有白色线条。尽管如今人们很少使用这种复制技术，但"蓝图"一词仍然经常被用来描述各种类型的建筑规划，包括使用数字设计工具创建的建筑规划。

一个建筑结构，无论是儿童搭建的简单积木塔还是复杂的曼哈顿摩天大楼，都是立体的。用几何术语来说，它存在于三维（three-dimensional，3D）空间中。相反，一张纸上的制图或蓝图存在于二维（two-dimensional，2D）空间中。正如欧几里得几何学所描述的，它存在于平面或水平的表面上。

当儿童从 3D 工作（用积木建造房屋）转向 2D 工作（用纸和铅笔画积木房屋的图片或蓝图）时，他们需要使用不同的工具和不同的动作技能。他们还需要运用不同的认知技能，以新的方式拓展思维。

当我们面临用 2D 表示 3D 结构的挑战时，我们的大脑必须以新的方式解释和想象形状与建筑。当儿童被邀请绘制 2D 蓝图，然后构建 3D 结构时，情况也是如此。从 3D 到 2D，以及从 2D 到 3D，都涉及一个激发深度学习和创造力的令人兴奋的认知过程。

这种创造一个想法或物体的多种表现形式的学习，是瑞吉欧·艾米利亚幼儿教育方法的核心。受瑞吉欧教育启发的教育者称这个概念为"儿童的一百种语言"。正如本书导言中提到的，瑞吉欧·艾米利亚婴幼儿中心和幼儿园的创始人之一洛里斯·马拉古奇有一句名言："儿童有一百种语言，一百种思想，一百种思考、游戏和说话的方式。"（Malaguzzi，1993，p.3）

马拉古奇认识到，当儿童被邀请以新的方式、使用新的工具和方法探索和表达他们的想法时，他们会注意到每一种新的表达方式都有所不同。他们将学会关注世界上美丽而有趣的细节。建筑结构的蓝图、平面图和插图提供了与地图相似的美学效果。它们包含排列规律、对称且漂亮的图案。

三、教室地图体验

迈克·普里布诺（Mike Pribbenow）是威斯康星州麦迪逊艺术幼儿园（一个受瑞吉欧影响的机构）的教师。他是一名才华横溢的自由职业艺术家，也是一名幼儿教育者。他观察到班里的儿童喜欢玩一种捉迷藏的游戏。一个儿童把玩具藏在操场上，让另一个儿童去寻找。

迈克给孩子们提供了一个新的游戏元素：他会画一张操场地图，孩子们可以用它找到隐藏的玩具。他们可以像藏宝图一样用它来标记玩具被隐藏的地点。

于是迈克画了一张地图。当儿童看着他画画时，他们提出了一些关于图画应该包括哪些地标（如攀爬架和沙箱）的想法。迈克把这些地标画成儿童容易"阅读"的简单图标。然后，迈克用塑料膜塑封地图，这样儿童就可以用可擦写的记号笔标记隐藏玩具被隐藏的位置。

孩子们对操场地图非常感兴趣，所以迈克把他们将要合作制作的地图涉及的区域扩大到整个幼儿园。他从自己的"阳光教室"开始，参观了14间教室中的每一间，观察儿童在教室里的游戏。然后，他画了一张包含地标（比如家具和玩具）的地图，儿童正在以有意义的方式积极地使用这些地标。他一边工作，一边向儿童展示正在绘制的地图，并征求他们的建议和意见。通过这种方式，他能够绘制出代表儿童的视角和优先考虑的事项的地图。

迈克的经验为我们提供了一个独特的视角,让我们了解儿童看待和思考他们在其中游戏和学习的物理空间的多种方式。这一经验还表明,当我们通过真正以儿童为中心并融入语境与意义的对话和活动来促进他们的学习时,儿童能够理解地图是某个地方的二维表现形式的概念。

图6-2至图6-5是迈克与"阳光教室"的孩子们合作制作的"阳光教室"地图。

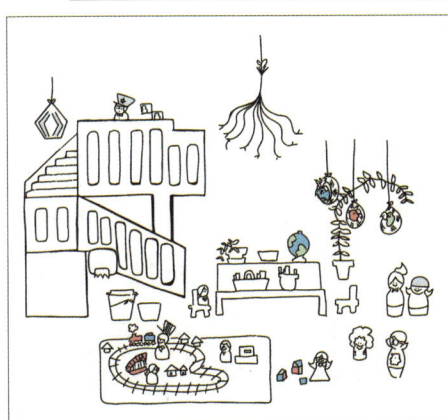

图6-2,图6-3,图6-4

迈克与孩子们一起绘制的地图是他有意从双重视角绘制的。有些元素显示为从侧面看,有些元素显示为从上方看,这会让孩子们看到多个视角。

图6-5

这张"阳光教室"的地图显示了教室的地理位置,以及制作地图当天孩子们最喜欢的活动。

请注意图中的不同视角。迈克从鸟瞰视角画了一些物体(如长方形地毯),从侧面视角画了一些物体(如儿童的积木结构),从更真实的角度画了一些物体(艺术画架)。这种不同视角的结合有助于促进儿童对视角的理解。

我们中的大多数人在自由绘画的能力上不如迈克,但我们可以利用各种机会帮助儿童在他们的3D物理世界和2D地图或蓝图之间建立有意义的联系。当儿童学习地图和蓝图时,他们会发展重要的空间推理能力。他们也学到了与测量和比例相关的数学概念。

四、教室里的地图和蓝图

为了方便开展项目和探索活动,你可能希望建立一个永久或临时的以地图和蓝图为特色的教室工作区。问一问你所在社区里的建筑事务所或建筑公司,他们是否会给你的学校捐赠一些不需要的蓝图。大多数建筑师和工程师都很乐意为STEM课程做出贡献。(注:一些卖学校用品的公司会出售预先印制有道路和其他类似地图地标的地毯,但我观察到儿童对这些地毯的新奇感很快就会消失。儿童往往对真实的地图和蓝图更感兴趣。)

除了提供真实的地图和蓝图之外,你还可以鼓励儿童自己创作。准备各种尺寸和质地的绘图纸、削尖的铅笔、细尖记号笔、尺子和绘图工具,鼓励儿童用橡皮图章在地图和蓝图上创建图标或地标(见图6-6)。

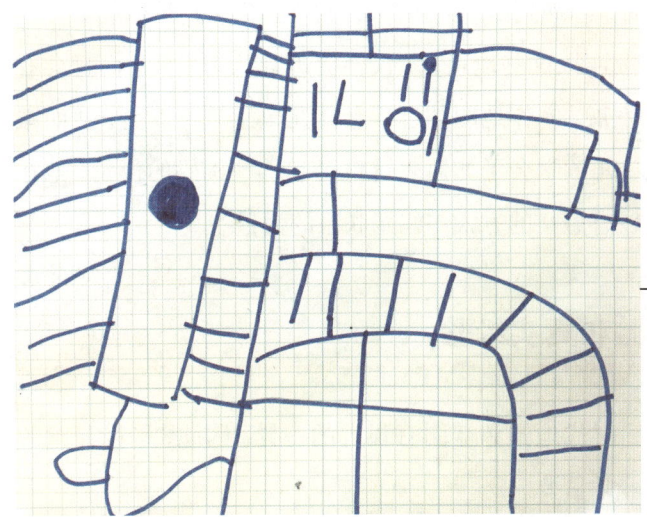

图6-6

当给儿童提供绘图纸时,他们可能会选择创建地图和图表。他们如果看过绘制在网格上的地图范例,更会这样做。

五、教育时机

本章中的项目提供了将地图和蓝图融入课堂活动的机会。然而,你也可以睁大眼睛、竖起耳朵,及时捕捉一天中自然的教育时机。例如,一个儿童可能会说:"我妈妈在购物中心工作。她开车去上班。"这句话可以激发一场对话。在对话中,你可以启发儿童把自己对位置的想法和认识用语言表达出来。你可以这样问:"购物中心很远还是很近?你是怎么知道的?"(或者)"你妈妈开车去哪里上班?"(或者)"我们如果想从这里开车或步行去购物中心,要往哪个方向出发?"虽然这些问题对幼儿来说可能非常具有挑战性,但你可能会惊讶于他们的理解程度,以及他们用语言和手势很好地表达方向的能力。

进一步利用这些教育时机。在上面的例子中，你可以帮助儿童在纸上绘制一个简单的地图，地图上只显示两个地标：家和购物中心。儿童可以在这两点之间画一条线，代表妈妈开车上班的街道。你也可以引导儿童将幼儿园作为另一个地标，添加到纸上并画出另外的连接线。

儿童积极地在纸上连接这些地点，不仅会促进其认知发展，而且会有助于其社会性和情感发展。制作地图的过程会让儿童感到更安全，从而减少与妈妈分离的焦虑。儿童学会了如何表达自己和掌控妈妈的位置，他在纸上画的线条赋予其以有意义的方式与妈妈联系的力量。

六、整合数字经验和真实经验

如前所述，在数字时代地图和蓝图有很大的差异。因此，平衡儿童的数字经验与真实经验非常重要。

对于绘制了显示家和购物中心的地图的儿童，给其时间深入了解自己做的地图，然后邀请他将手绘地图与手机、平板电脑或台式电脑上的数字地图进行比较。提出能够激发他对地图和技术进行批判性思考的问题："你的地图与电脑上的地图有什么不同？它们有什么相同点？你更喜欢哪一种地图？为什么？"

地图和蓝图都具备的一个重要方面是：技术可以提供独特的视角。影响我们如何看待世界的一项有趣的技术是无人机摄影和摄像。如前所述，想象鸟瞰视角下的景象对幼儿来说可能是一个挑战，但是随着无人机的使用变得越来越普遍，儿童可以更多地体验这种鸟瞰视角。

最近，伦敦的电影制作人塔皮奥·斯内尔曼（Tapio Snellman）与肯特郡福克斯通的学生合作，用无人机拍摄了一部电影。这部电影捕捉到了他们看待自己和城市环境的独特视角。这是他们社区里的儿童的出色表现。对许多儿童来说，这无疑激发了他们对空间和位置的深深迷恋之情。

项目16
积木"脚印"

在这个活动中,儿童将学习如何描摹自己搭建的积木房子的"脚印(footprint)"。这里的"脚印"是指建筑物所覆盖或占用的空间面积。和蓝图一样,占用空间也是用二维介质"纸"来表示三维结构。

在积木区的地板上放一大张纸(或者在桌面上放一张尺寸稍小的纸),邀请儿童在纸上搭建他们的积木房子。他们搭建好房子后,可以用记号笔直接在铺放的纸上描出房子的轮廓。在移除这些积木后,他们就会得到积木房子的形状图——"脚印"!

材料

这项活动所需的基本材料包括纸、积木、铅笔、蜡笔或可洗记号笔。具体材料可能因成本和活动地点而有所不同。

如果儿童在地板上工作,那么使用3厘米方格的超大图纸的效果非常好。儿童通常喜欢将他们的建筑与方格的直角对齐。然而,这种纸可能很贵。制作相同效果的一种成本较低的方法是在白新闻纸或海报纸上画一些网格线,然后再将这些纸放在地板上。

如果儿童在桌面上工作,你可以使用普通的图纸和小一点的积木,比如长、宽、高都为3厘米的立方体积木或得宝积木。除了记号笔,铅笔和钢笔也可以用来描摹,因为桌面的表面更硬。

刺激和邀请

在积木区的地板上(或桌面上)放一张大纸本身就是一种极大的刺激。当儿童聚集在周围时,问他们:"什么是脚印?你有脚印吗?"然后你可以接着问：""你知道房子也可以有脚印吗？""

接下来，邀请儿童在纸的上面用积木盖房子。在他们搭建时，问一些开放式问题，让他们注意打印出来的蓝图的线条和特征，比如：""你看到了什么线条？这些线条让你想到了什么？你能在这里搭建什么？""

考虑因素

许多儿童一旦看到地板上有一大张纸，就渴望亲自动手画画。你可能需要解释一下，他们需要先做一个特殊的活动。一旦完成，他们就可以在纸上画画了。

有些儿童可能需要你演示或解释你所说的""描摹""积木的意思。向他们演示如何将记号笔的笔尖靠近积木与纸张接触的位置，然后移动记号笔，使其围绕积木的边缘绘制一条线。

对大多数学前儿童来说，这将是一项艰巨的任务。他们画的线条可能不直，他们也可能会意外地撞上搭的积木建筑。让儿童知道学习描摹需要时间，他们的描摹不一定要完美。作为一种练习方式，一些儿童可能喜欢先描摹一块积木。

如果将纸张放在地毯上，那么你可能需要提醒儿童不要太用力地按压纸张，因为记号笔可能会戳穿纸张。用记号笔轻轻地接触纸张有助于画出更好的效果。当在桌面上描摹时，儿童则可以无须担心地、更用力地按压和画出更坚实的线条。

在儿童完成描摹后，向他们解释：要想看到房子的""脚印""，他们需要把积木移开。有些儿童可能想继续玩积木，稍后再查看纸张。

把积木从纸上移开后，和儿童一起看描摹图并讨论线条和形状。除了用""脚印""的概念，一些儿童可能还喜欢学习用""周长""这个词来描述形成区域或形状的边缘或者边界的线条。

第六章 地图和蓝图

核心概念和开放式问题

当儿童在描摹他们的积木房子的"脚印"时，你可以问一些问题，以引起他们对其作品建筑方面的空间特征的注意。

"跟我说说你用积木盖的房子吧。"

"告诉我你是如何留下脚印的。"

"我在你描摹的'脚印'上看到了不同种类的线条。为什么有些线条长，有些线条短呢？为什么有些线条是弯的，有些线条是直的？"

"用积木建造的房子和纸上的'脚印'有什么不同？它们有什么相同之处？"

"当你看自己描摹的'脚印'时，你看到了什么？"

项目拓展

从"脚印"转换到蓝图相对容易。邀请儿童为他们描摹的作品添加一些真实的或想象的细节，如内墙或外部景观。让他们想想家里的房间。

向儿童解释创作蓝图的一个重要原因是，我们可以记住我们制作的东西并重新制作。请儿童保存他们的蓝图，当他们或他们的朋友某天想建造同样的房屋时，可以再次将他们的蓝图作为参考资料使用。

喜欢在纸上描摹积木房子的儿童也可能喜欢在墙上描绘积木房子的影子。放置一盏灯或投影仪，使其在墙上或家具上投射出积木房子的影子。在显示影子的墙或家具表面贴一张纸。接下来，向儿童展示如何描摹影子。

再强调一下，让儿童知道这需要练习。除了控制记号笔的挑战，还有一个挑战是要弄清楚如何让自己的身体不阻挡光线。尽管面临许多挑战，但是许多学前儿童仍会对这个过程感兴趣并愿意尝试。

儿童也可能对如何移动光源来改变影子的大小感兴趣。当你将灯光移到离积木房子更远的位置时，影子会变大！仅使用投影仪在墙上制造影子，不管儿童是否会停下来描摹影子，这都会使儿童的积木建构活动更加刺激和复杂。

项目17
学校地图

迈克·普里布诺的故事表明，幼儿渴望绘制学校、操场和教室的地图，尤其是当这个过程对他们来说是协作体验且有意义时。即使你没有迈克的艺术技能，你也可以在课堂上捕捉到同样的兴奋。

大多数学前儿童的认知和精细动作技能还没有发展到能够独立制作学校地图的程度。尽管存在挑战，但许多受瑞吉欧启发、项目导向的教师会坚持认为，这正是那种你可以将其转化为令人兴奋的合作学习机会的项目类型。

制作学校地图在儿童的最近发展区（zone of proximal development，ZPD）内，"最近发展区"是儿童心理学家列夫·维果茨基提出的一个概念。最近发展区是儿童可以独立完成任务的水平与在别人帮助下完成任务的水平之间的空间（Knestrick，2012）。在与一群学前儿童一起创建学校地图的过程中，教师的角色是支架者，要为儿童的学习提供支持。你需要提供足够的指导和帮助，让他们以有意义的方式参与进来。这意味着你可能需要绘制"脚印"，为每个儿童复印一份，并邀请他们自己添加特征和地标。你也可以根据儿童提供的信息绘制一张教室地图并做好标记，就像迈克做的那样。你还可以选择以自己的方式将这两种策略结合起来。

材料

尽管这个项目可能很有挑战性，但是它也很简单，就像在纸上画画一样。至少，你需要白纸或方格纸，还有铅笔和记号笔。直尺有助于画直线，尤其是在使用白纸的情况下。写字板（带夹）或海报夹可以帮助你在学校走动时随身携带地图。

刺激和邀请

大多数托幼机构在教室的门附近都贴有紧急疏散路线图。你可以把这些路线图作为刺激物与儿童分享，帮助他们了解到，这些地图是学校的2D图片。然后问他们："你想做自己的学校地图吗？"如果可能，复印一些纸质的疏散地图，给每个儿童一份。邀请儿童以各自的方式在自己的地图中绘制和添加细节。

考虑因素

儿童在绘制地图时需要看到甚至接触他们正在思考和谈论的空间。所以，把正在绘制的地图放在带夹写字板里，请儿童在学校里走动时随身携带。或者，你如果和儿童合作完成一张地图，就把地图放进一个结实的海报夹里随身携带。和儿童一起看一看学校，"调查"地标所在的位置。

不用担心测量实际距离的问题。此时，最重要的空间推理任务是探索物体或结构（如门、楼梯等）的相对位置。例如，知道楼梯距离门有6米并不重要，重要的是要知道楼梯在建筑物的前面，挨着正门。

请儿童轮流在他们的学校地图草稿上绘制这些细节。仔细听儿童讨论他们的地图，记下他们讨论的细节和评论。即使儿童正在制作自己的个人地图，你也可以创建一幅大型的教室地图，在大地图上写下孩子们的一些想法、评论和问题来记录他们的学习过程。

核心概念和开放式问题

当儿童制作地图时，你可以问一些问题，以引起他们对建筑物的特征及其相对位置的注意。

"我们的地图上应该有些什么?"

"我们如何知道我们是否把东西放在了正确的位置?"

"你进门时看到了什么?"

"为什么我们需要学校地图?谁会用?他们用它干什么?"

"我们学校里最重要的地方是什么?我们如何在地图上显示这些地方?"

项目拓展

当个人地图或教室地图完成后,你可以帮助儿童理解地图在我们日常生活中的作用。鼓励儿童在各种情况下使用学校地图,例如,玩寻宝游戏、带家长或访客参观学校。

合作完成学校地图可以成为一个持续性的项目。随着儿童对空间以及在纸上表现空间的方式有了新的理解,你可以不断地修改和调整这一活动。描摹多份建筑物的"脚印",并邀请儿童制作新版本的地图。

项目18

狗屋

这项活动不涉及制作地图或蓝图;相反,它的目的是启发儿童思考地图和蓝图中的一个重要概念:比例。比例是在地图、蓝图、设计图或模型(如火车模型)中用于表示大小的比率。在地图上,你经常会发现一小条用文字或符号来描述比例的解释性说明,例如:1厘米代表1千米。

教师可以通过引导儿童观察不同大小的事物之间的差异向他们介绍比例的概念。例如,学前儿童可以理解有些狗很大,有些狗很小。大狗需要大的东西,小狗需要小的东西。

在这项活动中,儿童将被邀请为一只大狗建造一个大狗屋,为一只小狗建造一个小狗屋。这个建构项目将促进儿童在决定每个狗屋的尺寸时思考比例。

材料

你需要两只玩具狗，一只大的和一只小的。理想的情况是，大玩具狗的尺寸大约为小玩具狗的两倍。例如，如果小玩具狗高7厘米，那么大玩具狗的理想高度应该是14厘米左右。虽然这个比例没有必要特别精确，但是两只玩具狗的大小应该具有明显的差异。

你可以使用积木、乐高块或硬纸板来建造狗屋。选择儿童熟悉并喜欢使用的建构材料。

刺激和邀请

如果可能，可以通过展示或演示真正的狗狗物品（比如项圈或盘子）来介绍这项活动。让儿童猜测可能使用这些物品的狗的大小。请儿童用手比出狗的大小。问他们："如果使用这个项圈的狗在这块地毯上，它会有多高？用你的手比给我看看。"

接下来，向儿童介绍你为这项活动挑选的两只玩具狗。问儿童："看看这两只玩具狗，你注意到了什么？它们有什么不同？"告诉儿童这两只狗需要房子住。邀请儿童为每只狗建造一个刚好合适的房子。

考虑因素

允许儿童以他们选择的任何风格来设计和建造狗屋。看看他们为每只狗建造了相同风格的房子还是建造了不同风格的房子，这会比较有趣。

狗屋完工后，让儿童轮流测试一下：把大玩具狗放在每个儿童搭的大房子里，把小玩具狗放在每个儿童搭的小房子里。然后教师问："狗狗住这座房子合适吗？"如果不合适，那么教师请儿童对房子进行改造，直到他们满意为止。

当房子太小时，儿童能够识别出来；这只狗将无法进入这个房子（见图6-7）。然而，太大的房子可能更难辨别。教师可以问儿童："狗需要多大的空间？""如果你是这只狗，那么你在这么大的房子里会感到舒适和快乐吗？"

图6-7

这些简单的乐高积木结构证明了更大的狗需要更大的房子的观点。

核心概念和开放式问题

当儿童建造狗屋时，你可以问一些问题，让他们注意到狗屋的大小和比例。

"你将如何为这只大狗建造一座房子？"

"你将如何为这只小狗建造一座房子？"

"为大狗建房子和为小狗建房子有什么不同？"

"你如何知道房子的大小是否合适？"

项目拓展

当儿童探索狗和房子的大小时，你可以介绍测量工具（如尺子）和测量的标准单位（如"厘米"）。一些儿童可能已经熟悉这些工具和术语。

测量房子或狗并比较数字可能比较简单。或者你可能想邀请儿童帮你制作标志或海报以说明玩具狗的大小和比例。你可以请儿童按照狗的实际大小画出每只狗的画像。

第七章
扩展项目

本书中提供的想法、刺激和项目都是占用个体很少时间的宝贵经验。同时，这些经验中的任何一个都可能成为更长、更复杂的旅程中的第一步，即以后某个扩展项目的开始。

总的来说，本章描述的项目更适合年龄较大的幼儿园儿童和学前班儿童。当然，一些年龄较小的学前儿童可能也有参与扩展项目的足够的注意力和强烈的好奇心。

在生成课程的课堂上经常可以看到长期的扩展项目。教师运用生成课程教学法，根据儿童新出现的兴趣和调查来开发课程。只要儿童的兴趣超越了一种学习经验，扩展项目就会自然而然地展开。

瑞吉欧·艾米利亚教学法是实施生成课程的一个例子。受瑞吉欧启发的教师在观察中发现儿童的兴趣，提供激发更深入的对话和探索的刺激，并推动项目的发展，让儿童使用多种媒介（如一百种语言）表达自己的想法。

生成课程的另一个例子是项目教学法，这一教学法由丽莲·凯兹（Lilian Katz）提出，朱迪·哈里斯·赫尔姆（Judy Harris Helm）等教育工作者实施完善。在项目教学法中，教师确定感兴趣的主题，并促进大型合作项目的形成。这成为课程单元的核心内容。

所有这些教学法的共同点是：教师对儿童的兴趣很敏感，并且儿童有大量的合作机会。建筑项目（比如本书中描述的项目）通常会让一群儿童聚在一起设计和建造一些东西。这些类型的活动特别适合生成课程实践，并且可以很容易地进行扩展探索（见图7-1）。

图7-1

年龄较大一些的幼儿园儿童和学前班儿童正在培养耐心和技能，以便在更大、更详细的建构项目中与他人合作。

一、基本要素：时间和空间

在幼儿教育领域，扩展的或"长期的"项目实际上是指持续时间超过一节课或一次课的项目。回顾我们的生活方式和教育孩子的方式，我们经常会发现自己匆匆忙忙地度过了一天（包括完成课程）。

虽然很难放慢脚步和以儿童为中心，但是我们必须不断提醒自己，幼儿需要思考和学习的时间。他们需要一次又一次地重新审视认识以增进理解。

因此，我们需要代表儿童进行宣传，提醒家庭和利益相关者放慢脚步。采用生成教学法，围绕项目学习制定时间表，将有助于你腾出时间开展以儿童为中心的学习。

除了时间，儿童还需要空间。扩展的合作建构项目通常需要很大的空间。例如，乐高城市是一个不容易收放和整理的项目。如果儿童需要在一天结束时拆掉他们搭建的城市，然后在第二天开始时重新搭建，那么这个项目就不会真正得以扩展和延伸。相反，这座城市需要保持完整，这样孩子们才能继续他们的活动。（它需要避免意外或故意的"拆解"。）

为项目保留和保护空间的策略将因学校和教室而异。以下是一些教师需要考虑的问题。

- 留出一个房间的角落用于开展扩展项目。
- 让儿童在一大块板子上或桌面上开展他们的建构项目，这样方便你把它移到另一个房间或存放区域里。
- 在天气允许的情况下，利用有顶棚的室外空间（如门廊、凉亭等）来开展扩展项目。
- 利用走廊和大堂之类的公共空间。

二、发展适宜性的研究实践

在给定时间和空间的情况下，一个扩展项目可以有自己的周期，延伸到超出其原有范围的领域。在某些情况下，扩展的建构项目会引发一些问题，这些问题又引发了相关的研究项目。在儿童课堂中，"研究"指让儿童深入了解某个特定主题、问题或观点的活动和对话。

但是，我们如何向处于前阅读阶段或刚开始阅读的儿童传授研究技能呢？这就是发展适宜性的研究实践（如基于探究的学习）有帮助的地方。

基于探究的学习是一种教师针对儿童的问题制定课程并开发扩展项目的教学方法。采用这种教学方法的教师必须具备帮助儿童进行研究的意向和工具。

例如，当我还是一名幼儿教师时，我有一群对洗手间里的水龙头着迷的学生。他们在洗手时经常会谈论水槽下明显可见的管道。一个孩子说，管道里住着鳄鱼和蛇；另一个孩子说，水管把密歇根湖里的水吸了上来。

有时候，孩子们会问我有关管道的问题。我意识到我对管道系统和城市供水系统的了解不够，无法给出准确的答案。我们需要做一些研究。

让我们看看，根据这个案例，你如何在基于探究的项目中引导儿童。第一步是记录儿童的问题。这可以通过简单的口述来完成。邀请儿童说出他们所有的问题（例如，"蛇生活在管道中吗？""管道如何使水变冷和变热？"），然后写下来。

在审视了大量的问题后，你可以帮助儿童聚焦于一个宽泛的或重要的研究问题。这里宽泛的问题是指将所有儿童的问题联系在一起的一个较大的问题，比如："管道是如何工作的？"

当你帮助儿童寻找这些宽泛的问题的答案时，研究就开始了。然而，幼儿园和学前班的儿童还没有做好使用文本类资源进行独立研究的准备。这意味着您需要给幼儿示范以文本为基础的研究过程。你可以演示如何从图书馆选择和使用非虚构作品和参考书，或在线搜索安全可靠的准确的信息资源。

例如，收集一些非虚构图书，问儿童："这些书中哪些可能包含一些关于管道和管道系统的有趣信息？"儿童可能会喜欢看这些书中的图片和照片。他们也可能会请你大声朗读标题和书里的内容。

当你使用这些非虚构图书时，也要与儿童分享你如何决定读什么以及哪些信息是重要的。例如，告诉他们："这是一张管道的图片。我将阅读图片下面的文字。这些文字可能会告诉我们关于管道工作情况的新信息。"

对幼儿来说，最吸引人的研究方法之一就是向专家学习。在这个案例中就是：向水暖工请教。许多专业人士（如水暖工、建筑师、工程师和建筑工人）会很乐意走进课堂，回答孩子们感兴趣的问题。

第七章 扩展项目 | 119

当你进行扩展建筑项目时，要留心那些过程中不可避免会出现的问题。其中的一个或多个问题可能会提供非常好的研究机会，这只会加深儿童的学习体验。

项目19
海难屋

这项海难屋活动的灵感来源于由玛格丽特·怀斯·布朗（Margaret Wise Brown）撰文、加思·威廉姆斯（Garth Williams）绘图的儿童读物《水手狗》（*The Sailor Dog*, 2001）（见图7-2）。在这个故事中，勇敢而足智多谋的主人公水手狗在遭遇海难后被困在一个荒岛上。

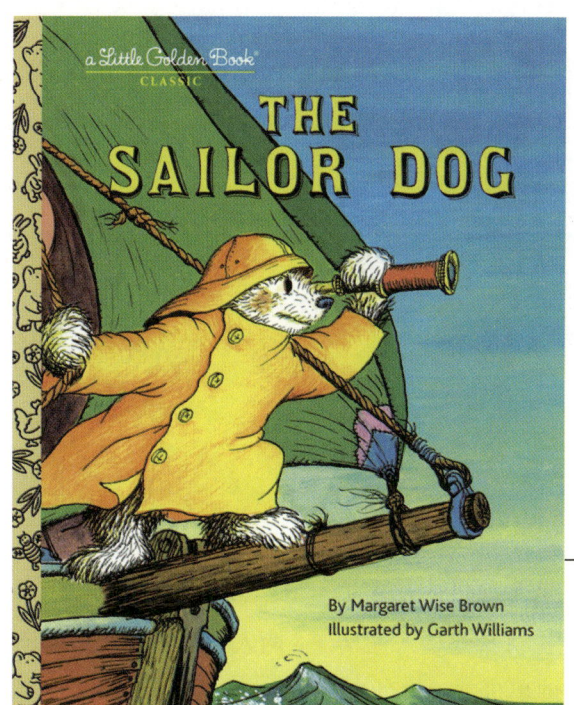

图7-2

《水手狗》（*The Sailor Dog*）中的插图可能会启发儿童用零碎的材料建造自己的房子。

小时候，我对这本书（首次出版于1953年）中的一页非常着迷。在这一页的插图中，勤劳的水手狗用它在岛上能找到的任何东西（木头和损坏的船的各种碎片，以及岸边发现的浮木和岩石）建造栖身之处。我喜欢这样一种观点：仅仅用你碰巧发现的东西也可以为自己建造一座房子。有时候有限的条件会激发创造力。

这就是库珀·休伊特·史密森设计博物馆（Cooper Hewitt Smithsonian Design Museum）的"准备、布置、设计！"框架背后的理念。在"准备、布置、设计！"活动中，小组（成人和儿童都一样）会得到一个小纸袋，里面是数量有限的建构材料，如手工艺棒、箔纸和胶带。接着，小组成员会收到挑战任务或提示，比如"设计一些能帮助人们注意安全的东西"。用有限的各种材料工作会激发成人和儿童的创造力（见图7-3）。

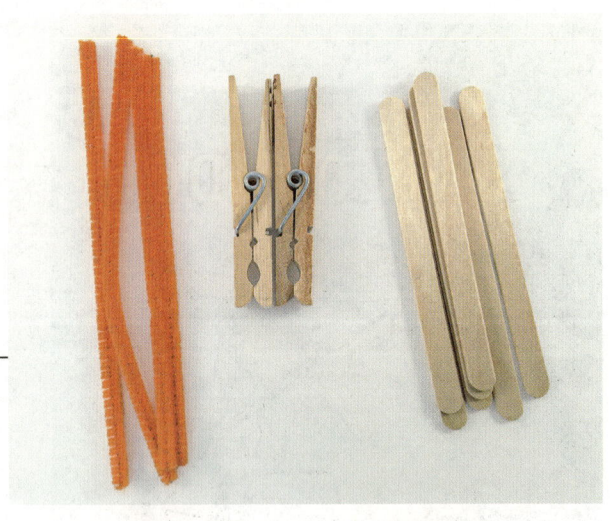

图7-3

"准备、布置、设计！"框架需要三种类型的开放性材料，如管道清洁条、夹子和冰棍棒。

本着同样的创作理念，这个项目让儿童想象遭遇海难，被困在一个岛上，用有限而新奇的各种建构材料建造一座房子。两人一组进行合作将激发创造力，也为其社会性发展提供了宝贵的机会。

虽然这个项目可以作为一次体验，但当它持续的时间延长时，挑战和乐趣就会增加。新材料每天都会突然"冲上岸"。这促使儿童重新思考自己的设计，并将这些新材料融入其中。

材料

各种各样的材料会带来独特的建造挑战。对于学龄前儿童来说，理想的材料组合包括一些基本的建构材料（如木屑和纸板），一些有助于使材料粘在一起的材料（如胶带和黏土），以及一些可以添加特征或装饰的材料（如木棍、电线或绳子）。

要记住"海难"的概念。用积木建造房屋很容易，但这里的重点是用更具挑战性的材料建造。

还要记住，随着项目的继续，你每天都需要提供新的、不同的东西。也许有一天你会提供鹅卵石，接下来是管道清洁条，再接下来是回收箱里的瓶盖。儿童需要以新的、循序渐进的方式思考他们的项目。

刺激和邀请

《水手狗》可以作为这项活动的刺激物。教师分享完这本书后，引导儿童到扩展项目的区域（见上面的建议），操作已经准备好的袋子里的材料。

鼓励儿童想象自己像水手狗一样被困在一个小岛上，需要盖一座房子。为每组儿童提供一个袋子，并邀请他们只用袋子里的材料建造一座房子。告诉他们："我们今天会盖房子，然后把它们留在学校，也许我们会有新的想法。明天可能会有一些新材料。让我们看看会发生什么！"

考虑因素

对学龄前儿童来说，当两人一组工作时，这种活动会进行得很好。在更大的团队中合作是更适合高年级儿童的挑战。

在项目进行的第一天，教师只需提供材料，看看会发生什么。通常，一

些儿童会非常投入，并且渴望搭建。另一些儿童可能会争抢材料。让儿童把材料放在托盘或碟子上，以便"保存"到下一次用。

当儿童第二天再次进入该区域时，鼓励他们检查正在建造的房子。向儿童提供新材料，这些材料可以像以前一样被袋子装着，也可以放在托盘或盒子里。对于这样的惊喜儿童会感到很高兴，并渴望发现下一次他们可以加入的材料。

随着项目的继续，一些儿童可能会非常渴望使用新的材料，而另一些儿童可能需要一些鼓励，才能为他们认为"已经完成"的房子添加一些东西。请记住，大多数儿童不习惯这种灵活、开放的设计思维。你可能需要作为示范者，向儿童展示如何将新材料融入仍在"建设中"的房子。

核心概念和开放式问题

在儿童搭建的过程中，你可以问一些问题，以帮助他们合作和创造性地思考。每天，当儿童发现"被冲上岸"的新材料时，你可以重复这些相同的问题和提示。

"看看这些材料。你看到了什么？"

"如何用这些材料建造房屋？"

"你们每个人有哪些关于房屋建造的想法？"

"你先尝试了什么想法？为什么？"

"你还能尝试什么？"

项目拓展

在建造了几天的海难屋之后，儿童可能会想玩一玩这些屋子。帮助儿童找到或制作可以住在他们搭建的屋子里的小人或小动物玩偶。

由于这些房屋可能会集中放在扩展项目的区域内，因此教师可以鼓励儿童一起将这个区域变成一个海难村。他们可能想在房屋之间修路。在这种情况下，想一想能再次启发儿童以充满创造性的、机智的方式进行建造的新材料。

项目20
游乐场模型

儿童非常清楚游戏空间和游乐场设备中什么有用以及什么无用。简而言之，他们是游乐场设计方面的专家。然而，在设计和建造真实的游乐场时，我们多久会询问一次儿童的意见？玛拉·明策（Mara Mintzer）的回答是，并不经常。玛拉·明策是"成长的博尔德（Growing Up Boulder）"项目的创始人。这是一个儿童和青少年友好城市项目，该项目积极地将儿童和青少年的声音纳入公园和其他倡议的决策中。在颇受欢迎的"儿童如何帮助设计城市"（2017）演讲中，明策用案例充分证明了儿童不仅应该在公园和游乐场的设计上，而且应该在所有城市的规划方面拥有发言权。

儿童能够在多大程度上参与决定他们在学校和社区中的游戏空间？在这个扩展的合作项目中，你可以邀请孩子们想象一个理想的游乐场，并且把它做成一个模型。这是一种需要用心和时间去实现的努力。

在第一阶段，请儿童思考一下他们喜欢的游乐场的特征（如设施和景观）。在第二阶段，鼓励儿童在纸上画画、分享和讨论自己的想法。在第三阶段，启发他们使用各种建构材料建造游乐场的3D模型。

当项目完成后，你可以邀请家长和社区成员一起参观游乐场模型。这可能有助于使儿童设想的游乐场成为现实。

材料

在项目的第二阶段，当儿童用2D方式表达他们的想法时，你需要提供纸和铅笔。一旦儿童在第三阶段准备好真正建造和创作时，你就需要为

他们提供各种3D建构材料：硬纸管、塑料容器、电线、管道清洁条、工艺棒、黏土、胶带、彩色美术纸、硬纸板等。自然界中的物品（如石头和小树枝）可以用来表示景观。

作为一个真正合作的团体项目，所有儿童将一起建造一个游乐场模型。你也可以选择让儿童分小组工作，创建几个游乐场模型。为每个游乐场模型提供一块大硬纸板、泡沫板或海报板，以使儿童有一个平坦、坚实的搭建表面。这也将使搭建中的游乐场更容易移动到扩展项目区域。

刺激和邀请

刺激也是该项目的第一阶段。你可以先让儿童评价他们学校的操场或他们经常去的公共游乐场。让他们指出喜欢和不喜欢的东西。用照片和口述文字记录他们的反馈。教师可以向儿童提出这样的问题："当你在游乐场玩耍时，你最喜欢做什么？""你最喜欢这个游乐场的哪些部分？""这个游乐场有你不喜欢的地方吗？""如果你能建造一个游乐场，那么你会在里面放什么？"

考虑因素

该项目涉及提前规划，它分为多个阶段。这对幼儿来说是一个挑战，尤其是那些通过操作来思考的儿童。要有耐心，要对儿童的节奏、需求和兴趣做出回应。提前想好如何促进幼儿的学习并伸出援助之手。（他们可能需要帮助来完成复杂的任务，如折叠、切割和用胶带粘东西。）

如果你已经开展过第六章中的教室地图项目，那么这个项目的第二阶段可能会进行得更容易。儿童会更熟悉在纸上表示位置和空间的概念。这将有助于他们想象理想的游乐场中各个主要部分的位置。

在整个过程中，为儿童提供重新审视自己的项目的机会，包括观察、思考、讨论，并根据需要进行调整。例如，也许儿童会在创建一个终极版本之前,想先创建一个游乐场模型的"草图",安排和重新排列各个部分(见图7-4)。这里更大的目标是介绍这样一种理念,即我们所做的事情可以被计划、讨论和调整。

图7-4
儿童用各种手工材料建造游乐场模型。

核心概念和开放式问题

当儿童在设计游乐场时,你可以问一些问题,让他们注意到他们的设计如何支持他们对理想的游乐场的设想。

"你会先(后)做游乐场的哪一部分?"

"你打算怎么做?"

"你需要朋友或老师的建议吗?"

"如果这是一个真正的游乐场,在这里玩会是什么样的场景?"

"这看起来像你想象的场景吗?"

"我们如何才能让这个游乐场模型变得更好?"

项目拓展

儿童游乐场模型可以作为倡导以儿童为中心的游戏空间的一种展示工

具。儿童可以向学校领导展示他们的设计，或者向城市规划者发送他们的设计图片。

项目21
乐高城市

当我在西北大学的天才青少年发展中心担任项目协调员时，我们开设了为期一周的名为"乐高建筑"的暑期班。这很有趣。儿童花了整整一周的时间来设计和建造各种各样的创意建筑。

一个夏天，我们在课堂上增加了另一个有趣的元素。我们把课程名字改成了"乐高大都会"，向儿童提出挑战，让他们一起工作一周，以实现一个共同的目标：创建一个乐高城市（见图7-5）。

图7-5

这座乐高城市既包括标准的乐高（彩色的），又包括专门设计的建筑系列的乐高（纯白色的）。

这为游戏带来了新的乐趣和创意。儿童不仅会谈论和规划（有时也在争论）他们的城市，而且会考虑比例，以使他们的建筑在大小上保持一致。如果一个人搭建的单层房子只有10块乐高积木那么高，而另一个人搭建的房子有25块乐高积木那么高，那是不行的。全班同学必须一起决定一栋单层房屋或建筑的高度，然后每个人在搭建他们的建筑物时都需要考虑这个比例。（第六章中的狗屋项目很好地介绍了比例的概念。）

我们在芝加哥的不同地方教授了8年乐高大都会课程。每一次，孩子们都会创造一个完全不同的、独特的城市。

材料

要建造一座庞大的乐高城市，你需要大量的经典乐高积木。（有关乐高玩具的讨论，请参见第一章。）在每次的乐高大都会课程中，我们可能使用了大约1万块乐高积木。你还需要一个不需要每天清理的大的工作空间。

刺激和邀请

当有足够多的乐高积木时，大多数儿童都不需要太多的刺激。然而，为了帮助儿童专注于共同建设乐高城市，教师可以和儿童一起看天际线和城市景观的图片。这些图片可以在以下图书中找到。

《纽约天际线》（*Skylines of New York*，Richard Berenholtz，2020）

《纽约新建筑》（*New Architecture New York*，Pavel Bendov，2017）

《芝加哥——经典的照片》（*Chicago: Classic Photographs*，edited by Richard Cahan，2017）

考虑因素

乐高大都会课程是一门暑期强化课程，在该课程中，儿童整整一周专注于一个主题。在普通的幼儿园或学前班中，节奏会有很大不同。

首先，为继续搭建乐高城市留出空间，提供刺激，然后邀请儿童一起建造一个建筑：一座房子、一所学校或者市政厅。即使最初只有几个儿童感兴趣，也要继续这样做。

当目标建筑物完工并被放置在区域里时，让儿童思考城市中的人们还需要什么。你可以问儿童一些问题，比如："人们将在哪里生活、工作、游戏和购物？他们将如何从一个地方到另一个地方？"

让其他结构的设计和建设也以这些对话和想法为依据。不过，请记住，要帮助儿童在头脑中形成按比例搭建的意识。向他们提出挑战，让他们用第一个建筑来衡量乐高城市里其他建筑的比例。在狗屋项目中，提醒他们考虑小建筑和大建筑的区别。

核心概念和开放式问题

当儿童在搭建的时候，你可以问一些问题，以引起他们对城市基础设施以及城市中建筑与地标之间有意义的联系的注意。

"如果有人住在这里，他们使用什么交通工具去工作？"

"如果有人生病需要看医生怎么办？他们会去哪里？"

"如果有人使用轮椅怎么办？他们如何从这个地方到另一个地方？"

"这个城市的人们将如何获得水和电？"

"你所在城市的哪些地区最繁忙？哪些地区最安静？为什么？"

"假设你住在这座城市里，你最喜欢它的什么？"

项目拓展

该项目与第六章中讨论的地图制作理念很好地结合在一起。邀请儿童制作一张所在城市的图解地图。如果可能，从上方拍摄所在城市的照片，并帮助儿童参考该图片来制作他们的地图。

对城市地图特别感兴趣的儿童可能会喜欢看《大城市地图——地图、平面图和绘画中的历史之旅》（*Great City Maps: A Historical Journey through Maps, Plans, and Paintings*，DK，2016）。

三、该游戏了！

当小建筑师用积木和其他的建构材料搭建建筑时，他们也是在从无到有地进行创造。曾经空荡荡的空间里现在矗立着一些真实而牢固的东西。对许多儿童来说，这种创造和合作的过程是非常令人愉快的。

作为一名幼儿教育工作者，我觉得积木和建构游戏最重要的价值在于它提供了一扇了解儿童思想和心灵的窗户。当儿童在搭建时，他们也正在以用语言和对话无法传达的方式呈现自己的学习、思考和感受。一旦我们开始"阅读"儿童搭建的建筑，我们就可以开始解读他们的游戏，从而更深入地理解他们。

如果你受到了建筑和建构概念的启发，那么儿童也会受到启发。没有错误的答案；没有不值得走的路。当你开始游戏和建造时，儿童也将开始游戏和建造。捡起一块积木，把它放在地板上，然后再增加一块。看见了吗？你已经开始了。

推 荐 资 源 [1]

建筑与工程

Amag! The Architecture Magazine for Children

The American Institute of Architects

Architecture and Education

Chicago Architecture Center

The Guardian, "How to Teach Architecture"

EarthshipsGlobal Biotecture

National Science Foundation: Engineering Classroom Resources for Teachers

Sistema Lupo

乐高

The LEGO Architect by Tom Alphin (No Starch Press, 2015): Text, concepts, and terminology are intended for older children, but the photos and illustrations can serve as inspiration for preschoolers.

LEGO Education

LEGO Education—Early Learning

LEGO Foundation—Learning through Play

建筑结构

The American Institute of Architects

Consejo Superior de los Colegios de Arquitectos de España

---

[1] 进一步相关资源，可在相关网址上获取。——译者注

Royal Institute of British Architects (RIBA)

Suomen ArkkitehtiliittoFinish Association of Architects (SAFA)

儿童建筑学校和项目

芬兰：Arkki School of Architecture for Children and Youth

德国：Architektur für Kinder

Bavarian Chamber of Architects

日本：Ito Juku

西班牙：Arkitente

Chiquitectos

美国：Chicago Architecture Center

Portland Architects in Schools

英国：Designing with Children

Engaging Places: Architecture and the Built Environment as a Learning Resource

Little Architect: The Architectural Association in the UK Primary Schools

The Royal Institute of British Architects Schools Programme

儿童建筑类图书

Architecture according to Pigeons by Speck Lee Tailfeather (Phaidon Press, 2013)

Building Big by David Macaulay (HMH Books for Young Readers, 2004)

City by David Macaulay (HMH Books for Young Readers, 1983)

DK Annotated Guide—Architecture: The World's Greatest Buildings Explored and Explained by Neil Stevenson (DK, 1997)

The Dolls' House Fairy by Jane Ray (Candlewick Press, 2010)

Dreaming Up: A Celebration of Building by Christy Hale (Lee & Lowe, 2012)

Fix That Clock by Kurt Cyrus (HMH Books for Young Readers, 2019)

The Future Architect's Handbook by Barbara Beck (Schiffer, 2014)

The Little Gardener by Emily Hughes (Flying Eye Books, 2018)

Pyramid by David Macaulay (HMH Books for Young Readers, 1982)

Raise the Roof by Anastasia Suen (Viking, 2003)

Round Buildings, Square Buildings, and Buildings That Wiggle Like a Fish by Philip M. Isaacson (Knopf, 2011)

Steven Caney's Ultimate Building Book by Steven Caney (Running Press, 2006)

The Story of Buildings by Patrick Dillon and Stephen Biesty (Candlewick Press, 2014)

Under Every Roof: A Kid's Style and Field Guide to the Architecture of American Houses by Patricia Brown Glenn (Wiley, 2009)

Underground by David Macaulay (HMH Books for Young Readers, 1983)

Who Built That? Skyscrapers by Didier Cornille (Princeton Architectural Press, 2014)

The World Is Not a Rectangle: A Portrait of Architect Zaha Hadid by Jeanette Winter (Beach Lane Books, 2017)

对儿童和教师有用的成人非虚构图书

Architecture: Elements, Materials, Form by Francesca Prima (Princeton University Press, 2009)

Building Construction Illustrated by Francis D. K. Ching (Wiley, 2013)

Go: A Kidd's Guide to Graphic Design by Chip Kidd (Workman, 2013)

101 Things I Learned in Architecture School by Matthew Frederick (MIT Press, 2007)

适合教师阅读的积木游戏书

The Block Book by Elizabeth Hirsch (NAEYC, 1996)

Blocks and Beyond: Strengthening Early Math and Science Skills through Spatial Learning by Mary Jo Pollman (NAEYC, 2011)

Creative Block Play by Rosanne Hansel (Redleaf Press, 2016)

Inventing Kindergarten by Norman Brosterman (Kaleidograph Design, 2014)

参 考 文 献

Barker, Cicely May. 2002. *The Complete Book of the Flower Fairies*. New York: Warner.

Barnett, Mac. 2014. *Sam and Dave Dig a Hole*. New York: Candlewick Press.

Barton, Byron. 1990. *Building a House*. New York: Greenwillow.

Beaty, Andrea. 2007. *Iggy Peck, Architect*. New York: Abrams.

Bendov, Pavel. 2017. *New Architecture New York*. New York: Prestel.

Berenholtz, Richard. 2020. *Skylines of New York*. New York: Welcome Books.

Beskow, Elsa. 1987. *Peter in Blueberry Land*. Edinburgh: Floris Books.

Boisrobert, Anouck, and Louis Rigaud. 2010. *Popville*. New York: Roaring Book Press.

Booth, Tom. 2018. *Day at the Beach*. New York: Jeter Publishing.

Brown, Margaret Wise. 2001. *The Sailor Dog*. New York: Little Golden Book.

Brownell, Jeanine O'Nan, Jie-Qi Chen, Lisa Ginet, Mary Hines-Berry, Rebecca Itzkowich, Donna Johnson, Jennifer McCray. 2014. Erikson Institute Early Math Collaborative, *Big Ideas of Early Mathematics: What Teachers of Young Children Need to Know*. New York: Pearson.

Buntin, Philip. 2019. *Sandcastle*. Crows Nest, Australia: Allen & Unwin.

Burton, Virginia Lee. 1978. *The Little House*. New York: Houghton Mifflin Harcourt.

Cahan, Richard. 2017. *Chicago: Classic Photographs*. Chicago: CityFiles Press.

Child in the City Foundation. 2020.

Clark, M. H. 2016. *You Being Here*. Seattle: Compendium.

Common Sense Media. 2017. "The Common Sense Census: Media Use by Kids Age Zero to Eight, 2017."

Cyrus, Kurt. 2016. *Billions of Bricks*. New York: Henry Holt.

Daly, Lisa, and Miriam Beloglovsky. 2014. *Loose Parts: Inspiring Play in Young Children*. St. Paul, MN: Redleaf Press.

——. 2016. *Loose Parts 2: Inspiring Play with Infants and Toddlers*. St. Paul, MN: Redleaf Press.

——. 2018. *Loose Parts 3: Inspiring Culturally Sustainable Environments*. St. Paul, MN: Redleaf Press.

——. 2020. *Loose Parts 4: Inspiring 21st Century Learning*. St. Paul, MN: Redleaf Press.

Damon, Emma. 2005. *All Kinds of Homes*. London: Tango Books.

Denos, Julia. 2017. *Windows*. Somerville, MA: Candlewick Press.

DK. 2016. *Great City Maps: A Historical Journey through Maps, Plans, and Paintings*. London: DK.

Domus. 2016. "Mies van der Rohe: Architecture as Language." Domus, February 8.

Dougherty, Dale. 2012. "The Maker Movement." *Innovations*, MIT Press. Accessed July 25, 2019.

Ellis, Carson. 2015. *Home*. Somerville, MA: Candlewick Press.

Felstiner, Sarah, Ann Pelo, and Margie Carter. 1999. *Thinking Big: Extending Emergent Curriculum Projects*. Hilltop Children's Center, Seattle.

Harvest Resources (Film).

Finch, Mary. 2001. *The Three Billy Goats Gruff*. Cambridge, MA: Barefoot Books.

Fliess, Sue. 2016. *A Fairy Friend*. New York: Henry Holt.

Food Network. "Guide to Spices." Food Network. Accessed October 1, 2019.

Galdone, Paul. 1981. *The Three Billy Goats Gruff*. New York: Houghton Mifflin Harcourt.

Geisel, Theodore. 1971. *The Lorax*. New York. Random House.

Gibbons, Gail. 1990. *How a House Is Built*. New York: Holiday House.

Goldsworthy, Andy. 1990. *Andy Goldsworthy: A Collaboration with Nature*. New York: Abrams.

Guillian, Charlotte. 2017. *The Street beneath My Feet*. London: words & pictures.

Higgins, Chris. 2017. "How Many Combinations Are Possible Using 6 LEGO Bricks?" *Mental Floss*, February 12, 2017.

Hollingsworth, Patricia. 1993. "Making Connections through Architecture." *Gifted Child Today* 16 (5): 6–8.

Hutts Aston, Dianna. 2007. *A Seed Is Sleepy*. San Francisco: Chronicle.

George, Patrick. 2013. *Magic Colors*. New York: Boxer Books.

Gibbons, Gail. 1990. *How a House Is Built*. New York: Holiday House.

Hughes, Emily. 2018. *The Little Gardener*. London: Flying Eye Books.

Jeunesse, Gallimard. 1993. *Dinosaurs*. New York: Scholastic.

———. 1994. *The Rain Forest*. New York: Scholastic.

Jeunesse, Gallimard, Claude Delafosse, C. & D. Milett, and Nancy Krulik. 1993. *Castles*. New York: Scholastic.

Johnsen, Jan. 2017. *The Spirit of Stone*. Pittsburgh: St. Lynn's Press.

Johnson, Crockett. 1955. *Harold and the Purple Crayon*. New York: Harper & Brothers.

Jones, Rob. 2010. *See Inside Houses Long Ago*. London: Usborne.

Jung, Jin-Ho. 2018. *Look Up*. New York: Holiday House.

Juster, Norton. 1989. *The Phantom Tollbooth*. New York: Random House.

Kasprisin, Ray. 2016. *Play in Creative Problem-Solving for Planners and Architects*. New York: Routledge.

Knestrick, Jennifer. 2012. "The Zone of Proximal Development (ZPD) and Why It Matters for Early Childhood Learning." NWEA Education Blog. November 27.

Krause-Boelte, Maria, and Jon Kraus. 1881. *The Kindergarten Guide: An Illustrated Hand-Book*. Vol. 1, *The Gifts*. New York: E. Steiger.

Krauss, Ruth. (1952) 1989. *A Hole Is to Dig*. Reprint. New York: HarperCollins.

Lange, Alexandra. 2018. *The Design of Childhood: How the Material World Shapes Independent Kids*. New York: Bloomsbury.

Laroche, Giles. 2011. *If You Lived Here*. New York: Houghton Mifflin Harcourt.

Lionni, Leo. 1967. *Frederick*. New York: Pantheon.

Liu, C., S. L. Solis, H. Jensen, E. J. Hopkins, D. Neale, J. M. Zosh, K. Hirsh-Pasek, and D. Whitebread. 2017. *Neuroscience and Learning through Play: A Review of the Evidence* (research summary). The LEGO Foundation, DK.

Lockhart, Susanna. 2007. *If You See a Fairy Ring*. Hauppauge, NY: B.E.S. Publishing.

Louv, Richard. 2008. *Last Child in the Woods: Saving Our Children from Nature-Deficit Disorder.* Chapel Hill, NC: Algonquin Books.

Luera, Gail R., and Seong B. Hong. 2003. "A Collaborative Long-Term Project: Early Childhood Education, Environmental Education, and Landscape Architecture." *Canadian Children* 28 (1): 9–15.

Macken, JoAnn. 2008. *Digging Tunnels.* North Mankato, MN: Capstone.

Malaguzzi, Loris. 1993. "The Hundred Languages of Children." *The Hundred Languages of Children: The Reggio Emilia Approach to Early Childhood Education*, edited by Carolyn Edwards, Lella Gandini, and George Forman. Norwood, NJ: Ablex Publishing.

Mansfield, Andy. 2016. *Pop-Up New York.* New York: Lonely Planet Kids.

Maynor, Megan. 2018. *The Sandcastle That Lola Built.* New York: Knopf.

McCaulay, David. 1982. *Castle.* New York: Houghton Mifflin Harcourt.

McCloskey, Robert. 2016. *Make Way for Ducklings.* New York: Viking.

McLerran, Alice. *Roxaboxen.* New York: HarperCollins, 1991.

McRaven, Charles. 2007. *Stone Primer.* North Adams, MA: Storey Publishing.

Mettler, Rene. 2012. *The Egg.* New York: Scholastic.

Milne, A. A. 1988. *Winnie the Pooh.* New York: Dutton Books.

Mintzer, Mara. 2017. "How Kids Can Help Design Cities." TEDxMileHigh video, 14:25.

Mizielinska, Aleksandra, and Daniel Mizielinski. 2013. *Maps.* New York: Big Picture Press.

Moorhouse, Pete. 2018a. "Irresistible Learning: Woodwork in Early Childhood Education." Community Playthings. June 5.

———. 2018b. *Learning through Woodwork: Introducing Creative*

Woodwork in the Early Years. New York: Routledge.

Morris, Ann. 1995. *Houses and Homes*. New York: HarperCollins.

Mulfinger, Dale. 2017. *The Family Cabin: Inspiration for Camps, Cottages, and Cabins*. Newtown, CT: Taunton Press.

Mullick, Nirvan. 2012. *Caine's Arcade.* April 9.

Nicholson, Simon. 1971. "How NOT to Cheat Children: The Theory of Loose Parts." *Landscape Architecture* 62:30–34.

Noon, Steve. 1996. *Open House*. London: DK.

Olmon, Kyle. 2006. *Castle: Medieval Days and Knights*. New York: Orchard Books.

Portis, Antoinette. 2007. *Not a Stick*. New York: HarperCollins.

Potter, Giselle. 2016. *This Is My Dollhouse*. New York: Schwartz & Wade.

Radevsky, Anton. 2009. *The Architecture Pop-Up Book*. New York: Universe.

Ray, Jane. 2009. *The Dolls' House Fairy*. New York: Orchard Books.

Rosen, Michael. 2003. *We're Going on a Bear Hunt*. New York: Alladin.

Scarry, Richard. 1998. *Cars and Trucks and Things That Go*. New York: Little Golden Books.

———. 1999. *Best Word Book Ever*. New York: Little Golden Books.

———. 2015. *What Do People Do All Day?* New York: Little Golden Books.

Schaapman, Karina. 2014. *The Mouse Mansion*. New York: Dial Books.

Sheen, Dong Il, and Jae-Soo Liu. 2002. *Yellow Umbrella*. Ja Jolla, CA: Kane/ Miller.

Skeen, Patsy, and Anita Garner. 1984. *Woodworking for Young Children*. Washington, DC: NAEYC.

Stiles, David, and Jeanie Stiles. 2001. *Cabins: A Guide to Building Your*

Own Nature Retreat. Ontario, Canada: Firefly Books.

Sterling, Debbie. 2013. TedX Talk.

Sweet, Roland. n.d. "Lincoln Logs: Everybody's First Log Cabin." Log Home Living. Accessed July 2, 2019.

Szymanski, Jennifer. 2019. *All about Bears*. Washington, DC: National Geographic Kids.

Tattersall, Ian. 2013. *In Search of the First Human Home*. Nautilus. December 5.

Tekentrup, Britta. 2019. *Cat & Mouse*. New York: Prestel Publishing.

Turner, Christopher. 2011. *Toys of the Avant-Garde*. *ICON*, August 19.

Wadell, Martin. 2002. *Owl Babies*. Somerville, MA: Candlewick Press.

Walsh, Liza Gardner. 2012. *Fairy House Handbook*. Camden, ME: Down East Books.

Willem, Mo. 2004. *Knuffle Bunny*. New York: Hyperion.

Van Dusen, Chris. 2012. *If I Built a House*. New York: Dial.

Wright, Hu-Van. 2014. *The Three Billy Goats Gruff*. Cambridge, MA: Starbright.